Éxitos latinos

Partituras para aficionados al piano

MA
NON
TROPPO

ÉXITOS LATINOS

Partituras para aficionados al piano

ÉXITOS LATINOS

Partituras para aficionados al piano

"Perdóname"
Pablo Alborán

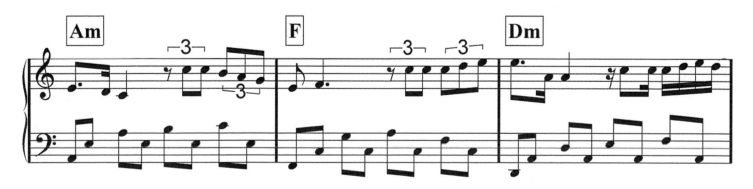

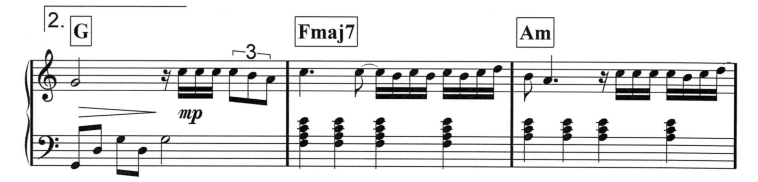

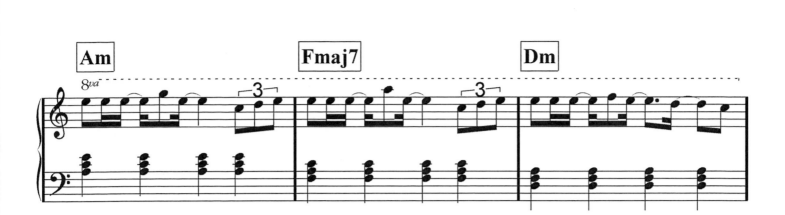

"Me voy"
Julieta Venegas

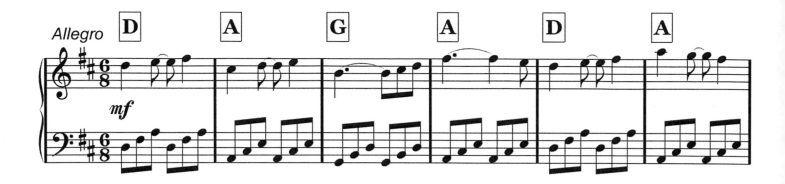

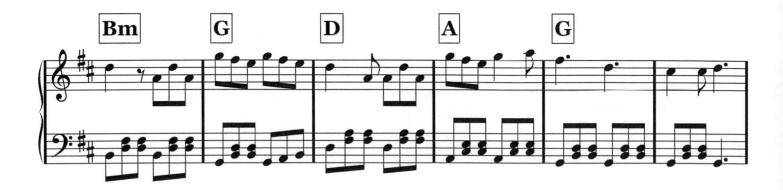

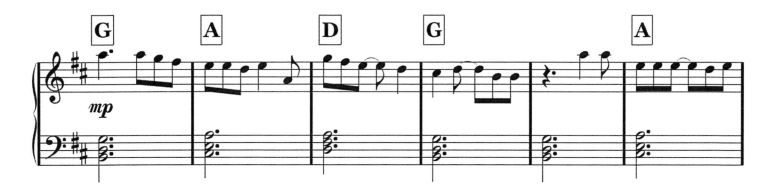

"Hijo de la luna"
Mecano

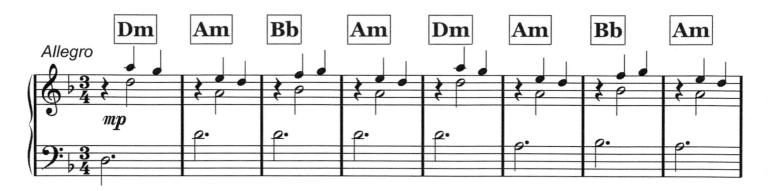

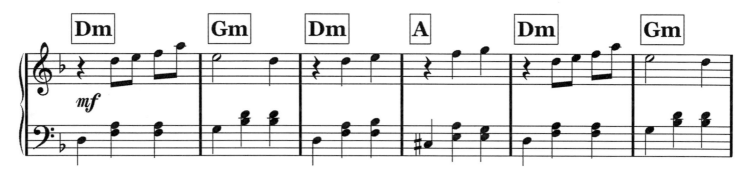

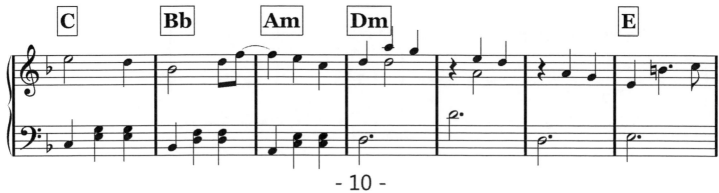

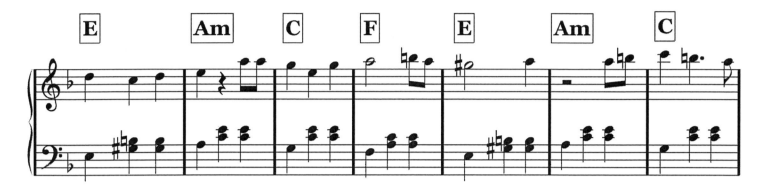

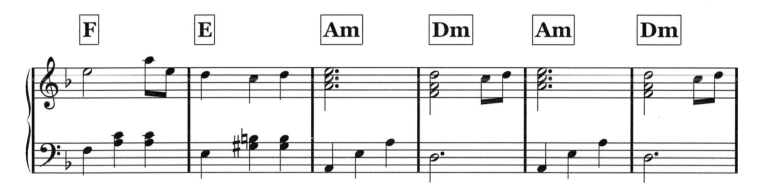

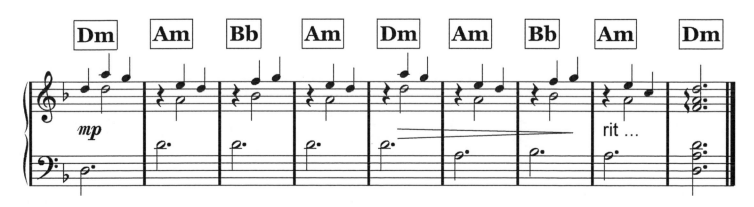

"Waving Flag"
David Bisbal

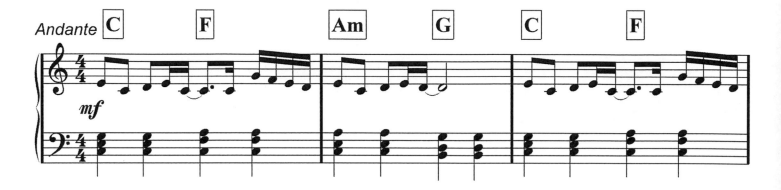

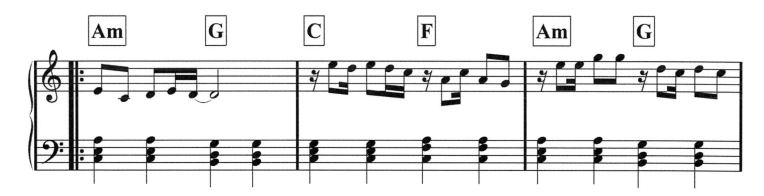

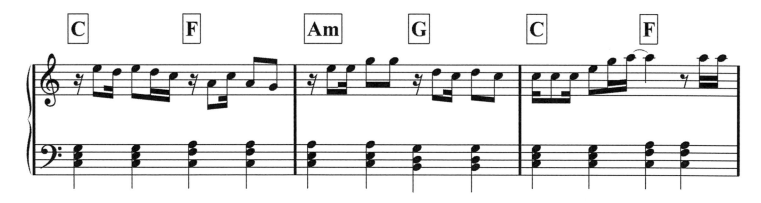

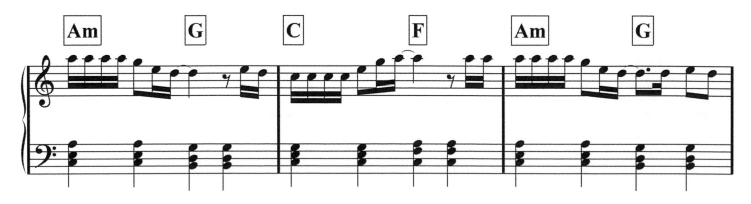

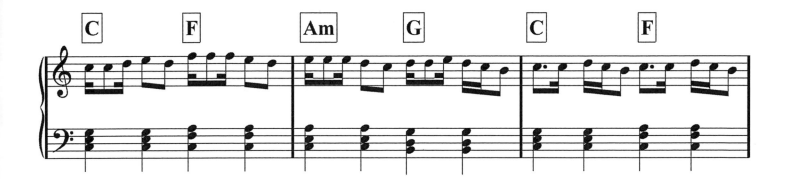

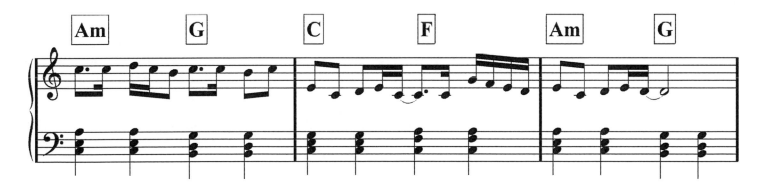

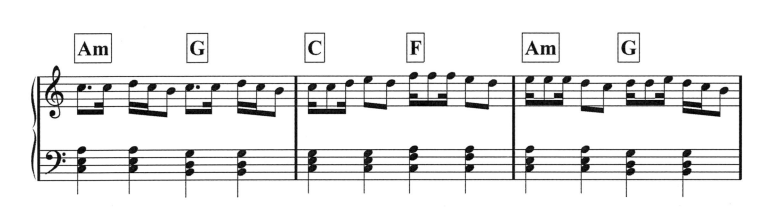

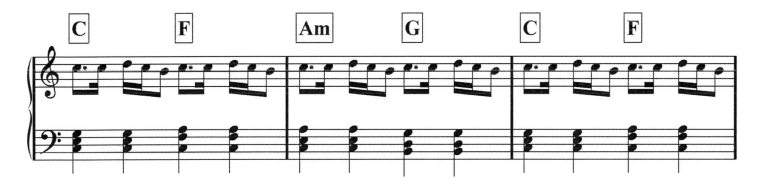

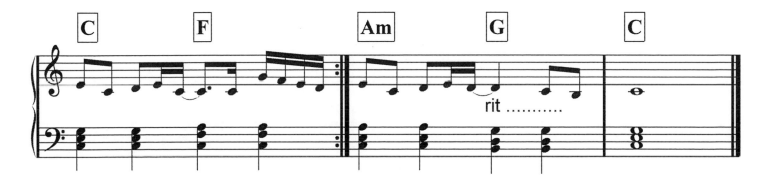

"Jueves"
La Oreja de Van Gogh

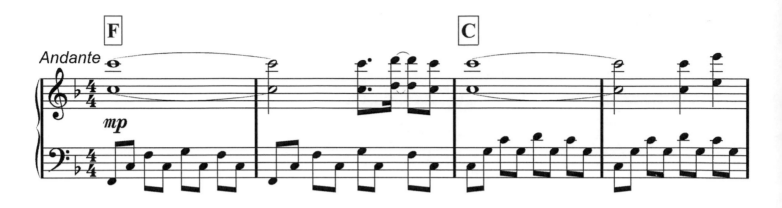

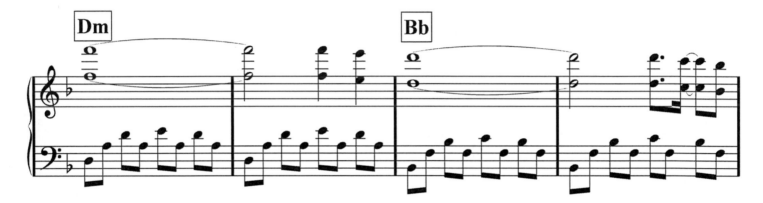

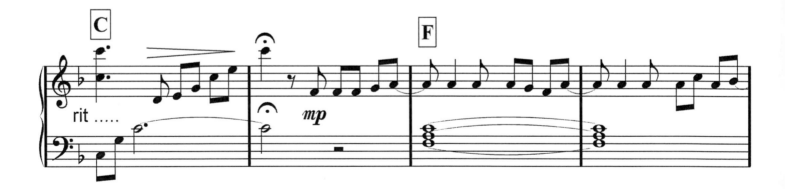

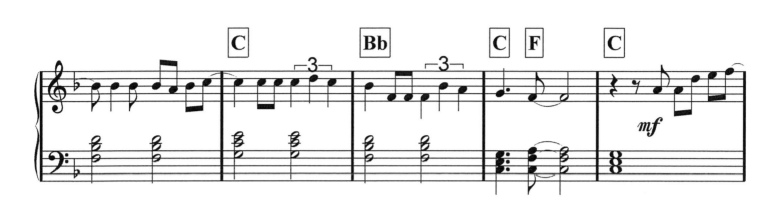

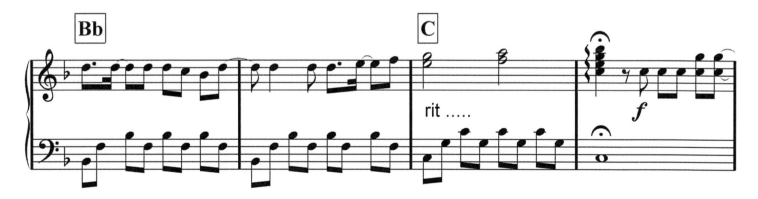

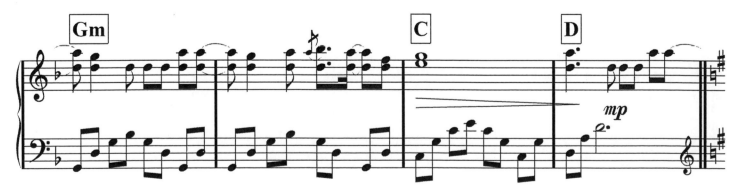

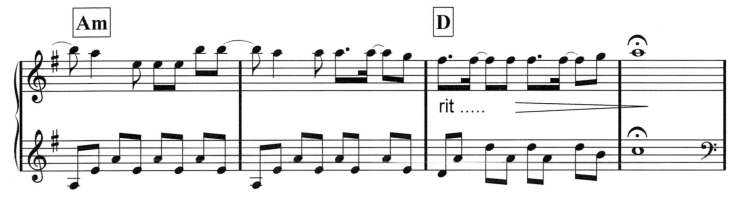

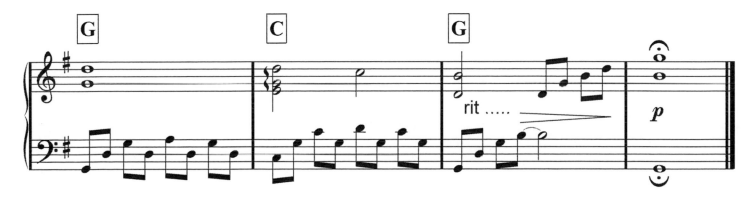

"Pero a tu lado"
Los Secretos

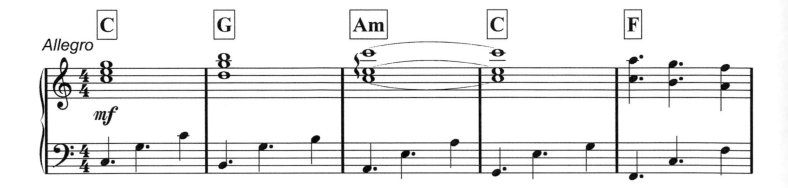

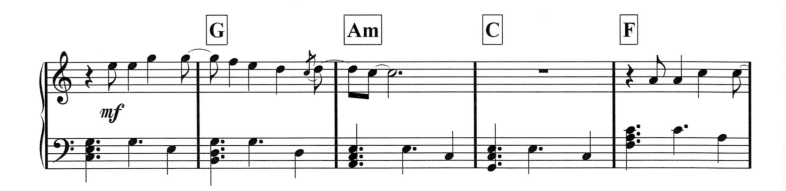

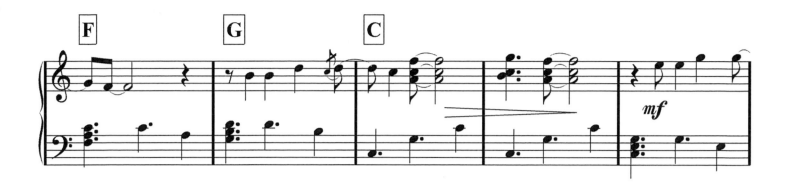

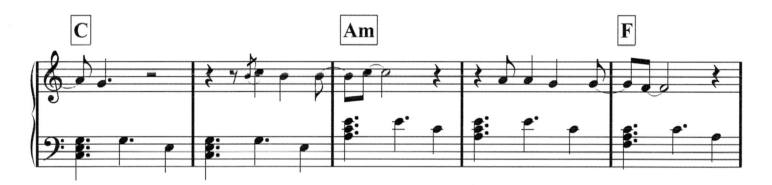

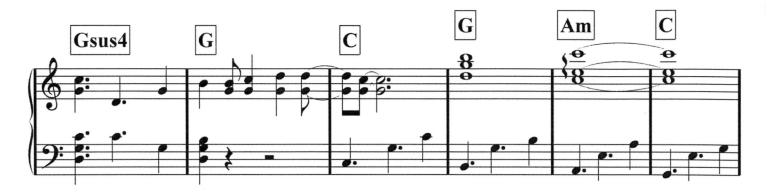

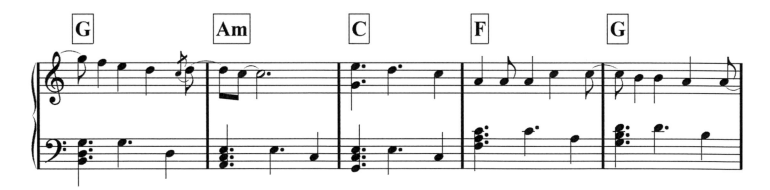

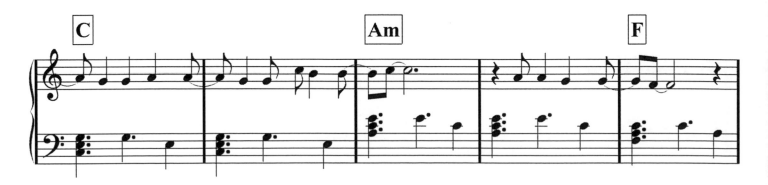

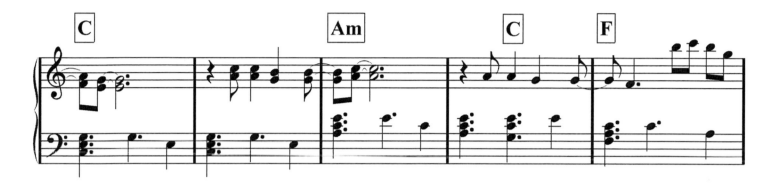

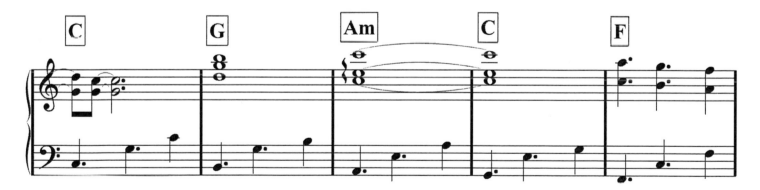

"Color esperanza"
Coti

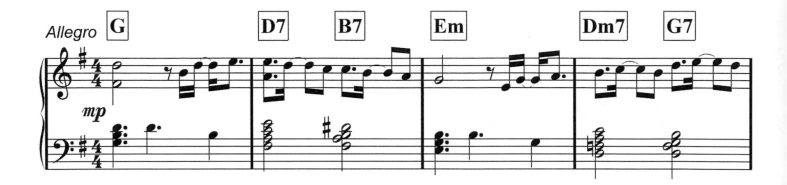

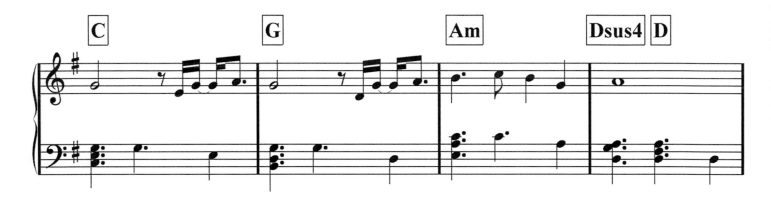

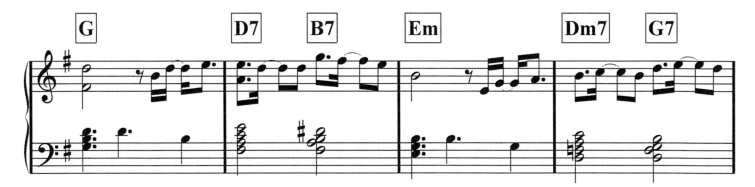

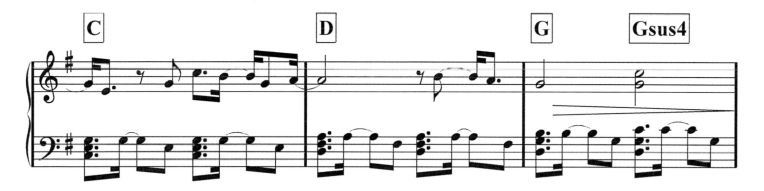

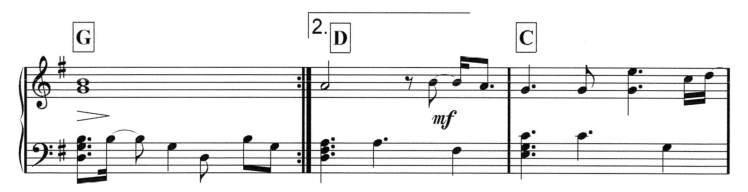

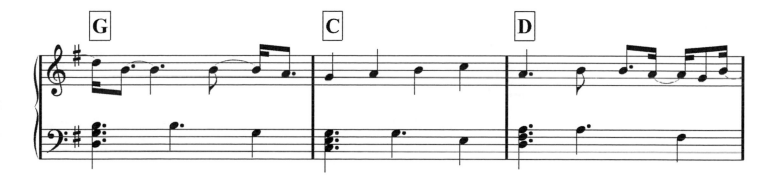

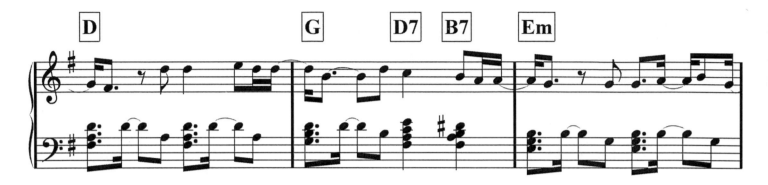

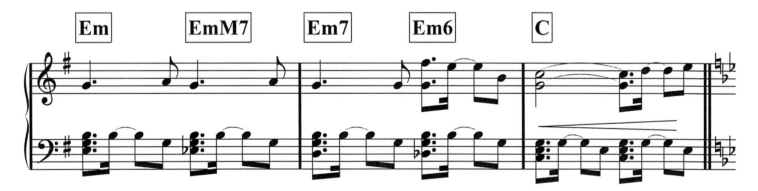

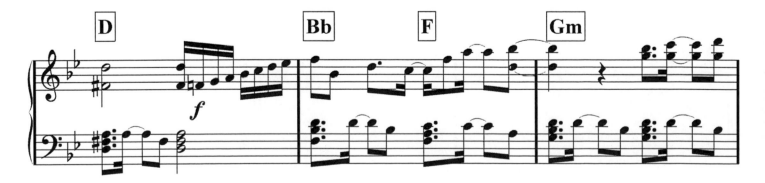

"Un beso y una flor"

Nino Bravo

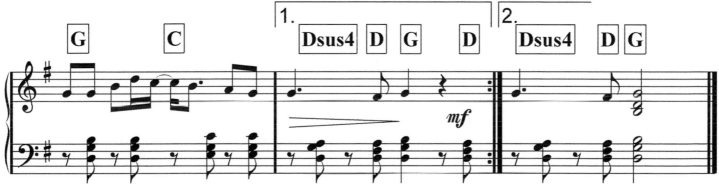

"Comiéndote a besos"
Rozalén

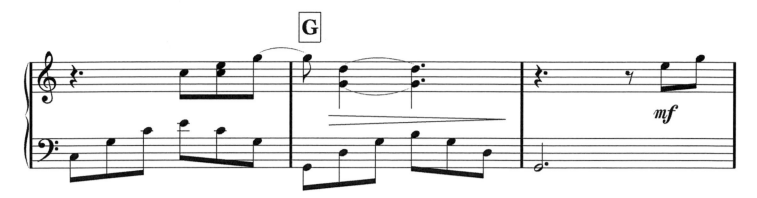

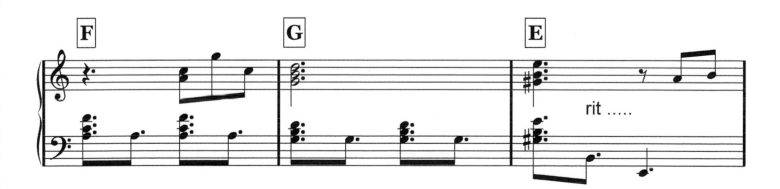

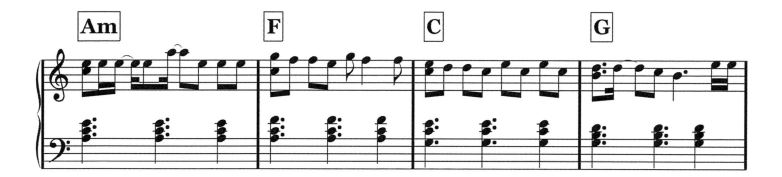

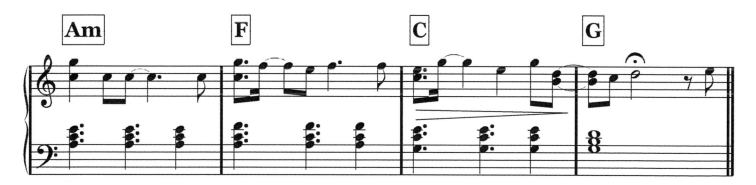

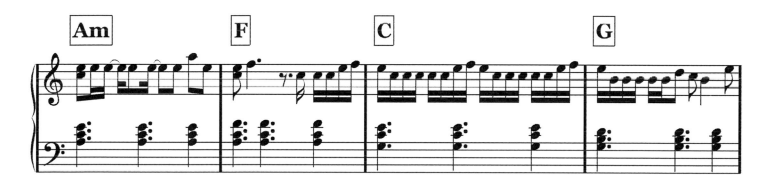

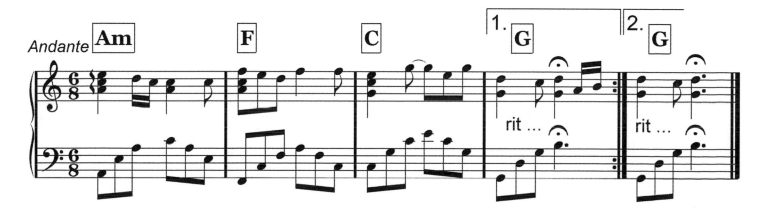

"Y, ¿si fuera ella?"
Alejandro Sanz

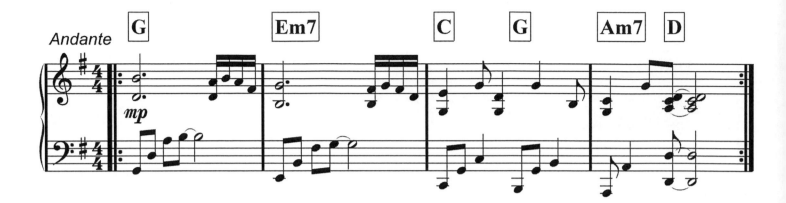

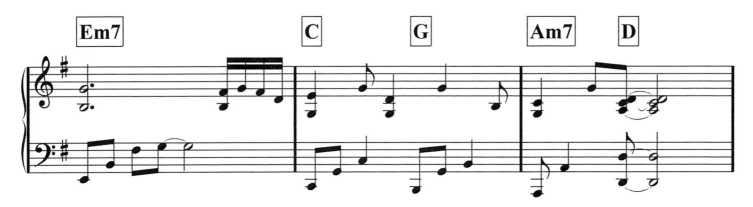

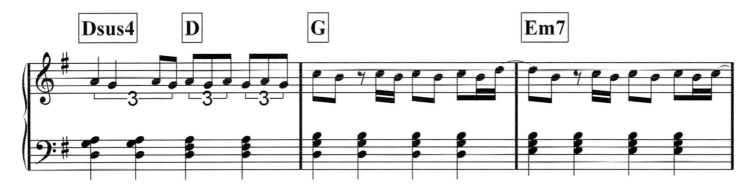

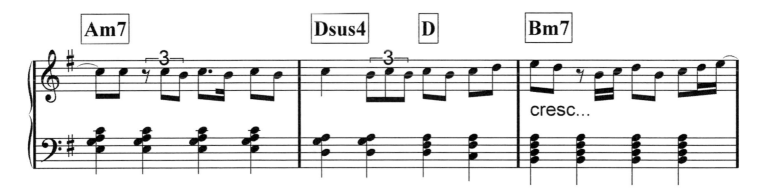

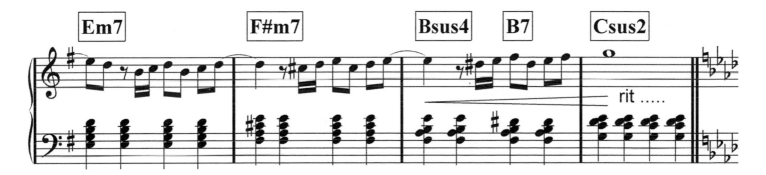

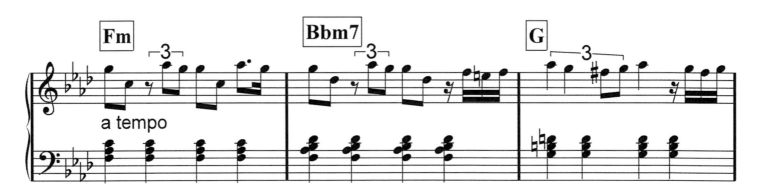

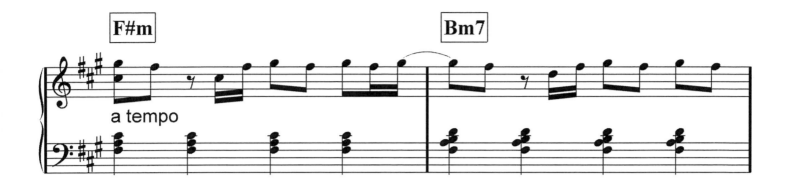

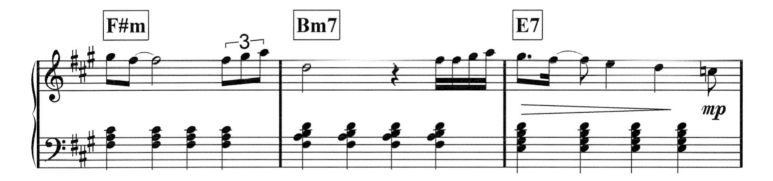

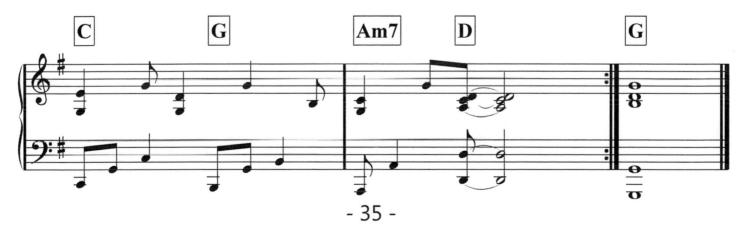

"Ni tú ni nadie"
Alaska y Dinarama

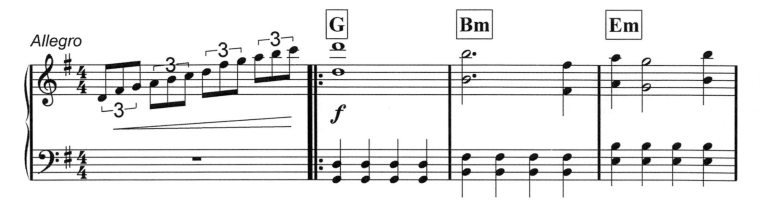

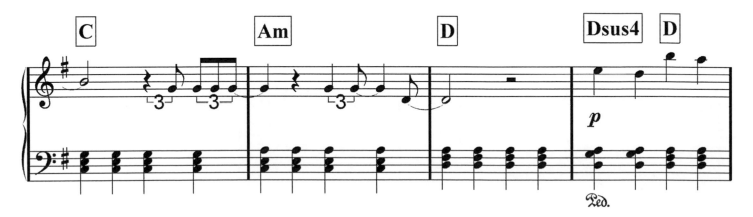

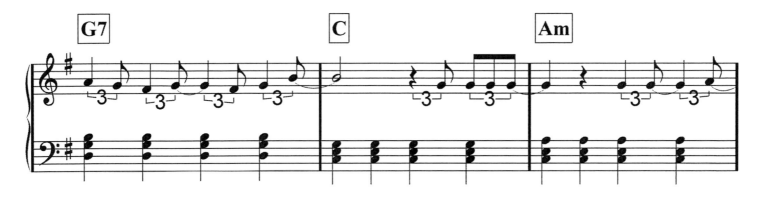

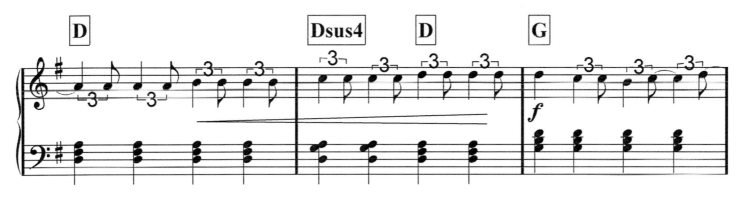

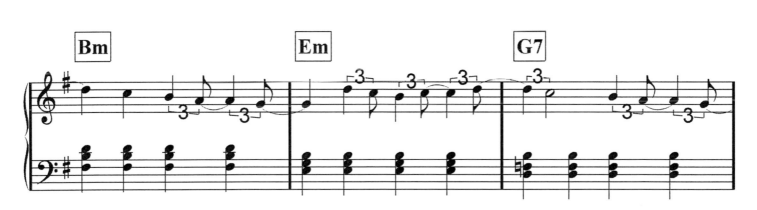

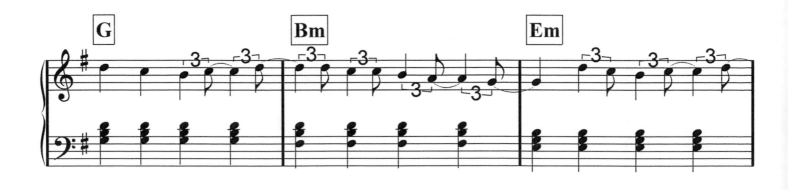

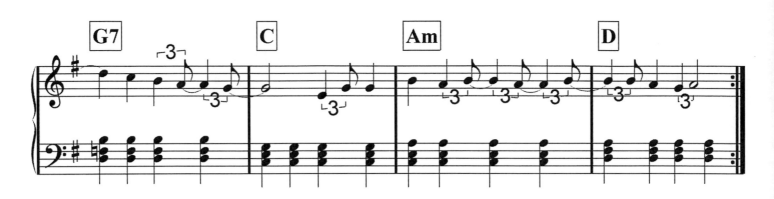

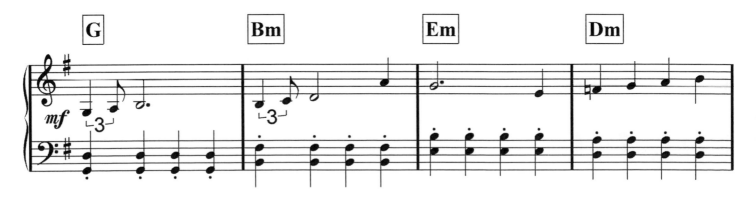

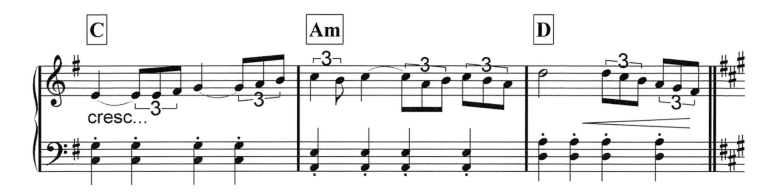

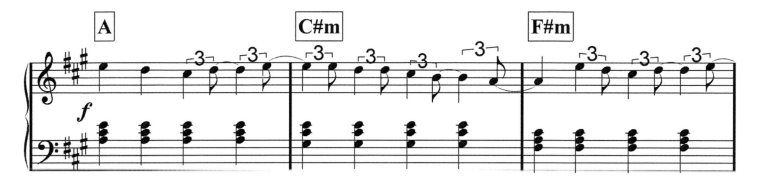

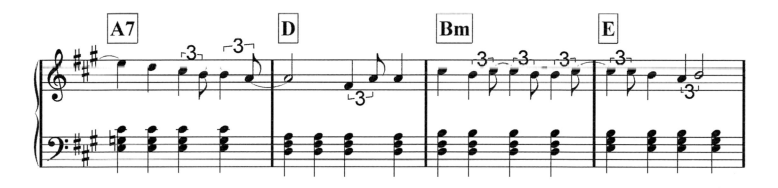

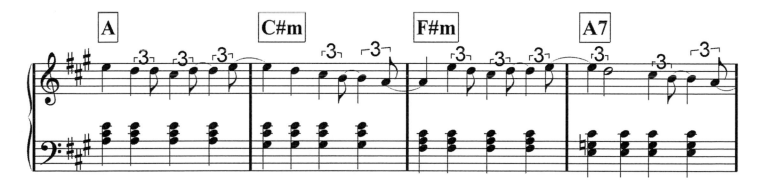

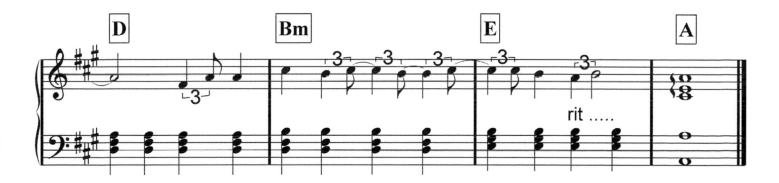

"Mi unicornio azul"
Silvio Rodríguez

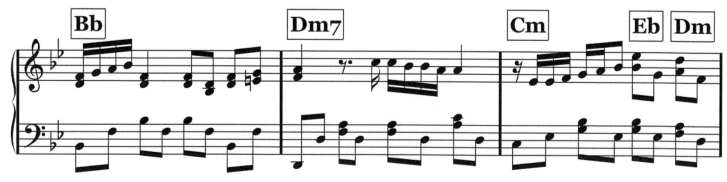

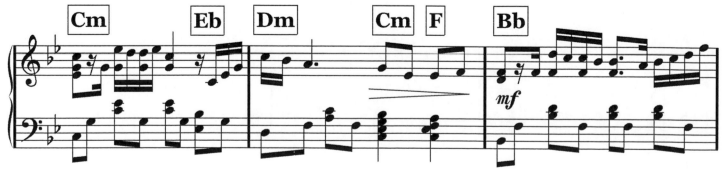

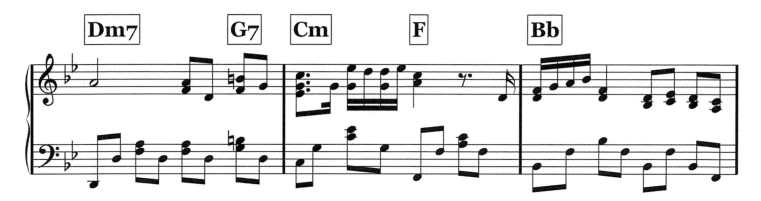

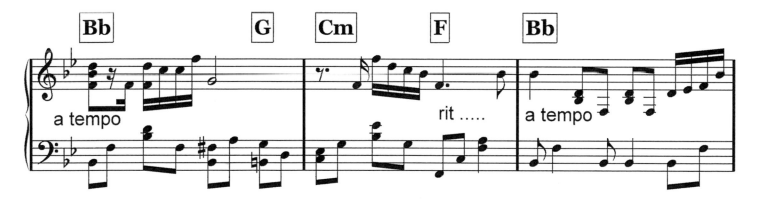

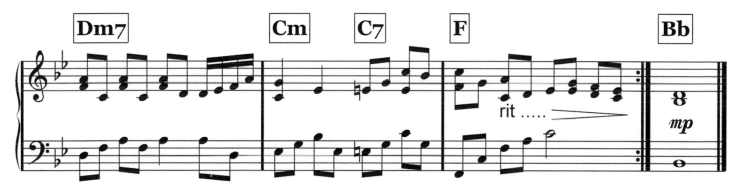

"La bicicleta"
Carlos Vives & Shakira

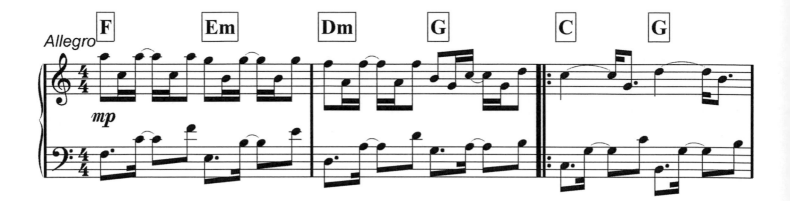

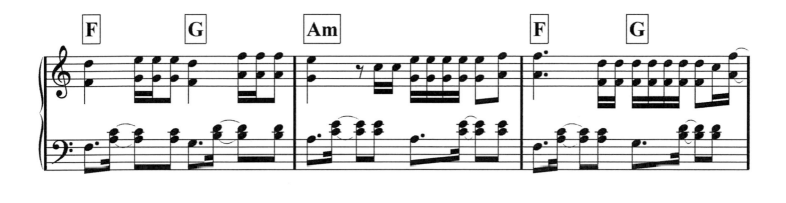

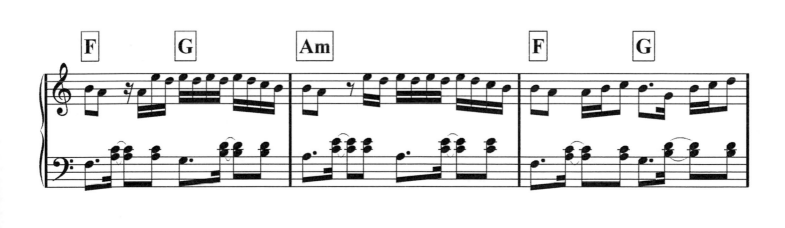

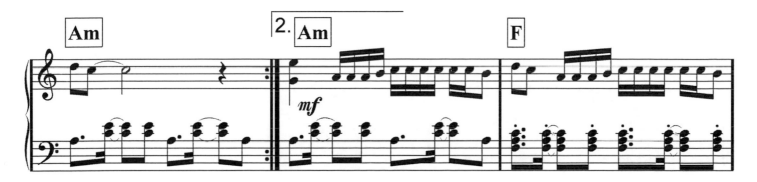

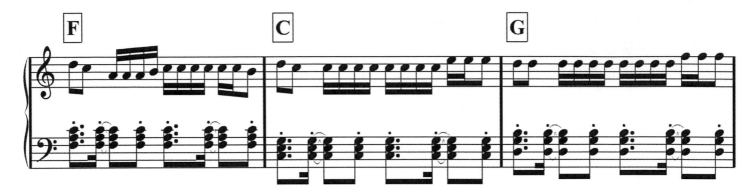

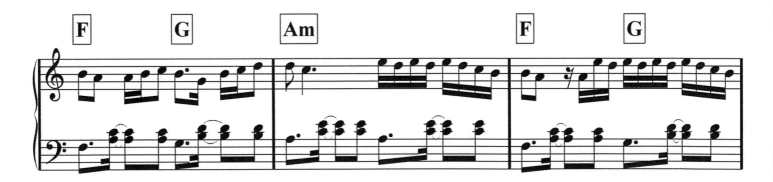

"Nos volveremos a ver"
La Raíz

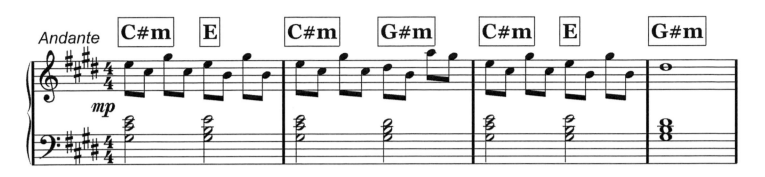

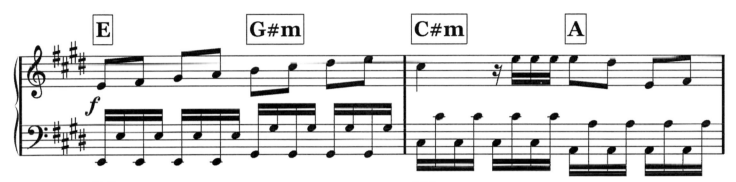

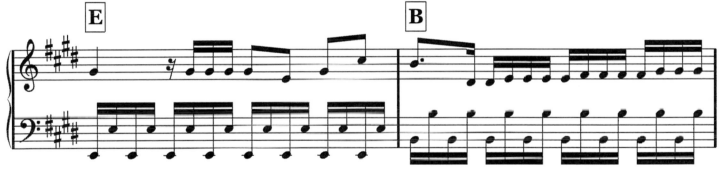

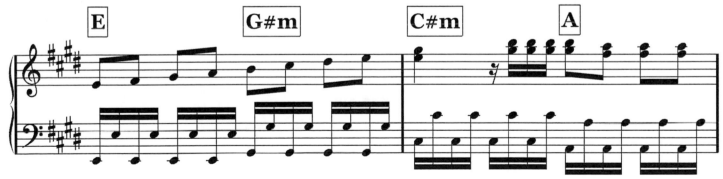

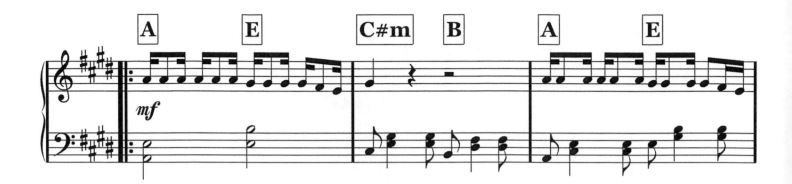

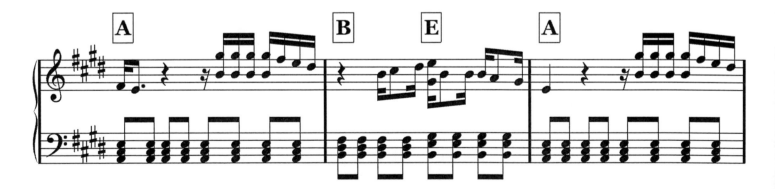

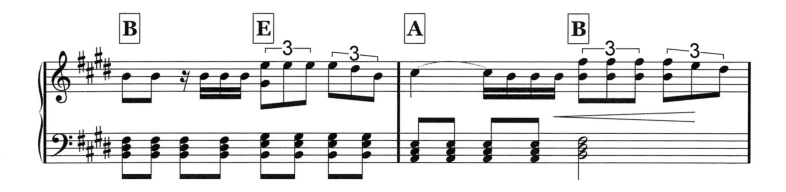

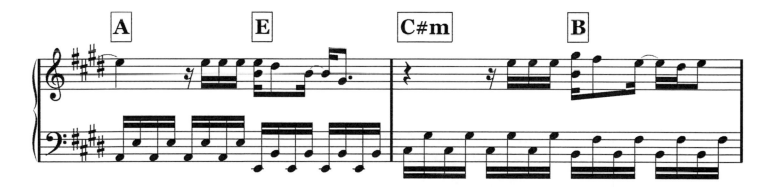

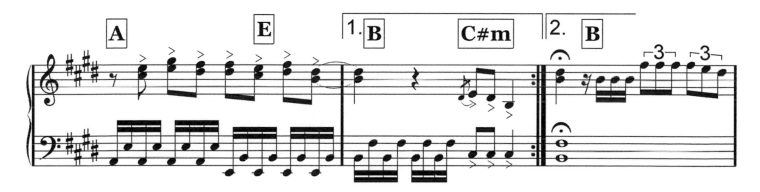

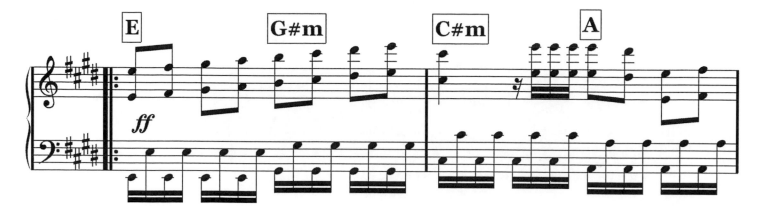

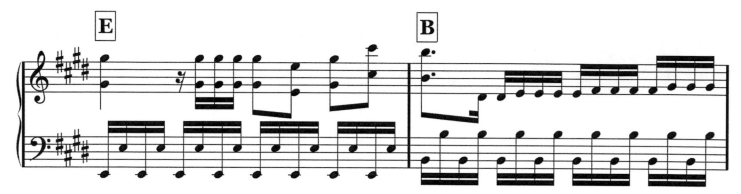

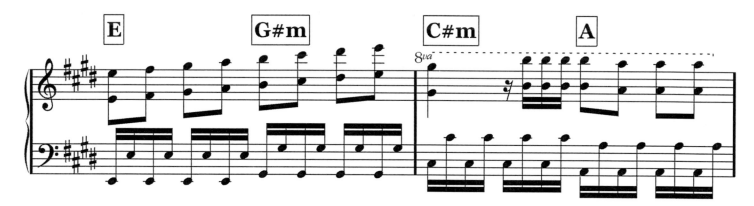

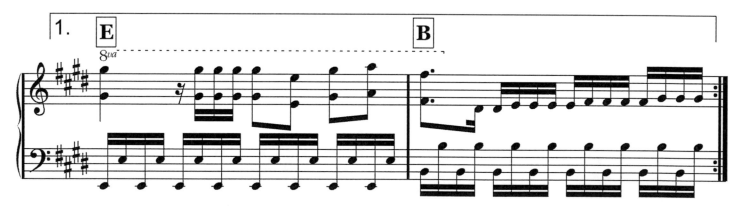

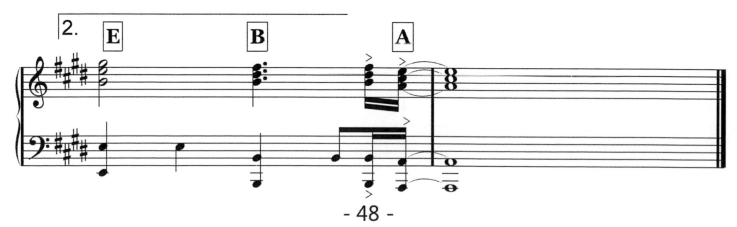

"La camisa negra"

Juanes

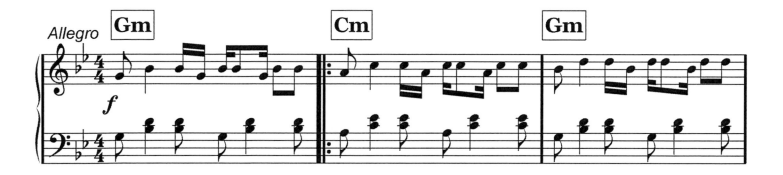

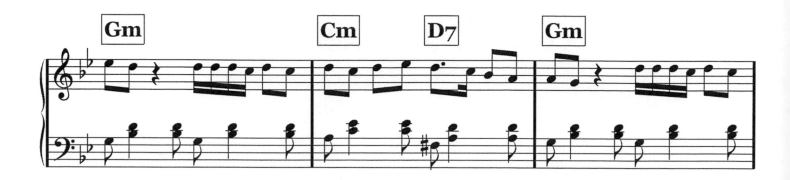

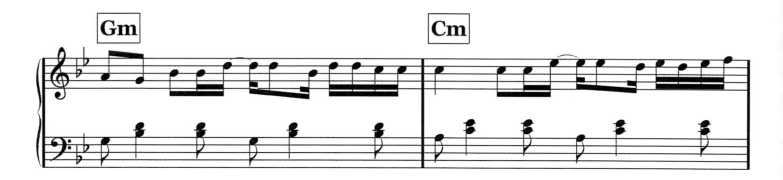
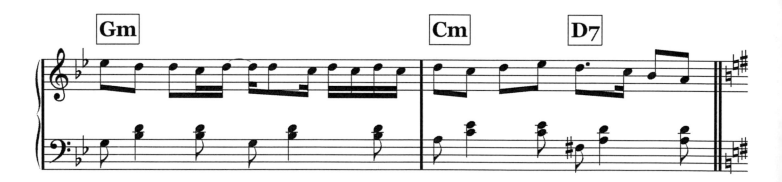

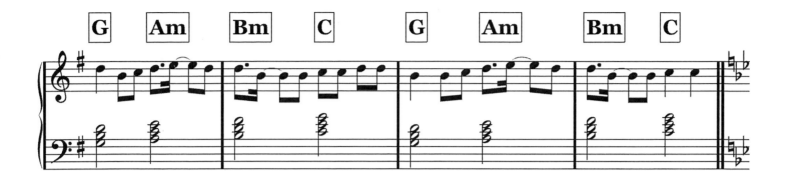

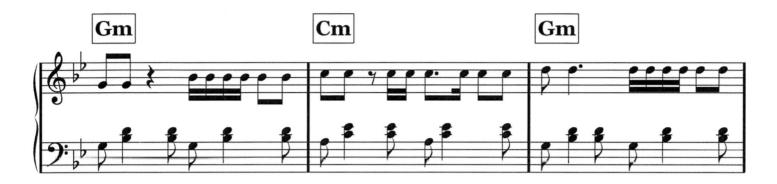

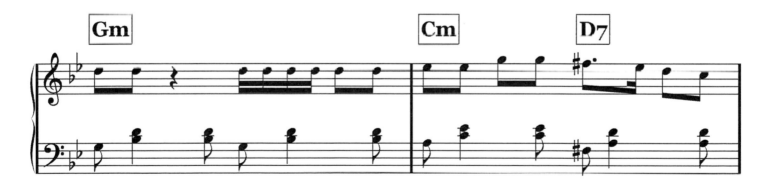

"Mariposa tecknicolor"

Fito Páez

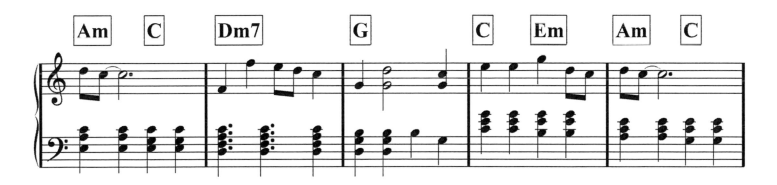

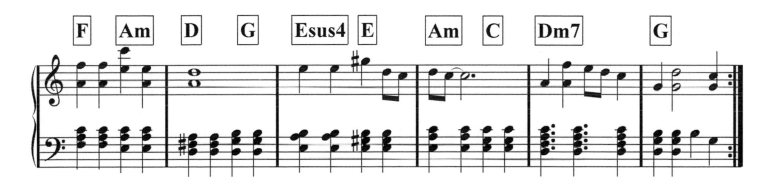

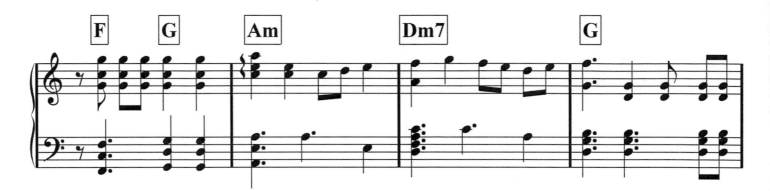

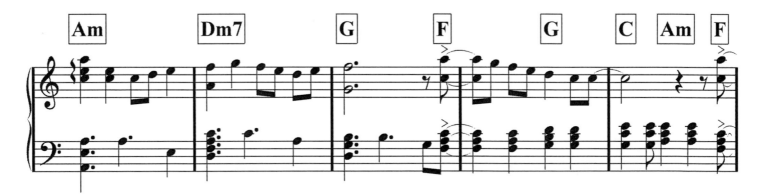

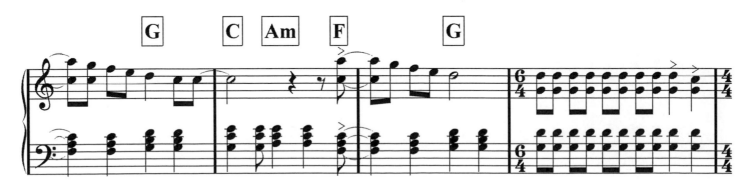

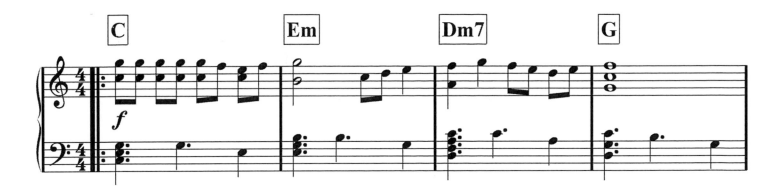

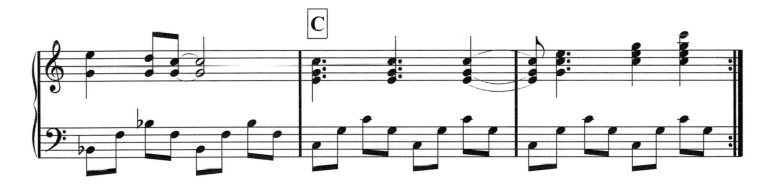

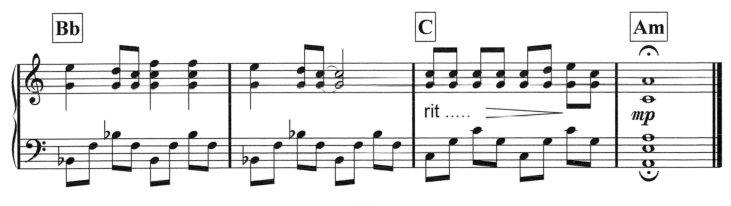

"Mujer contra mujer"
Mecano

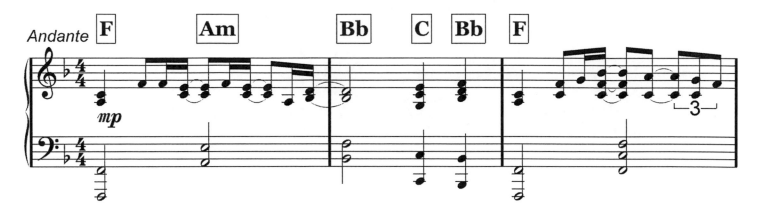

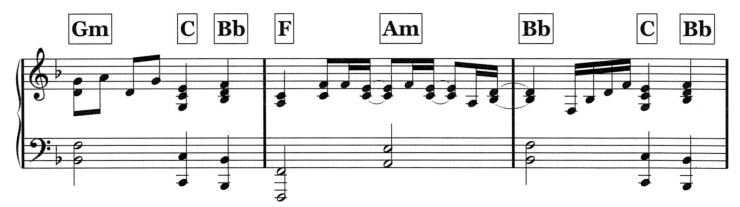

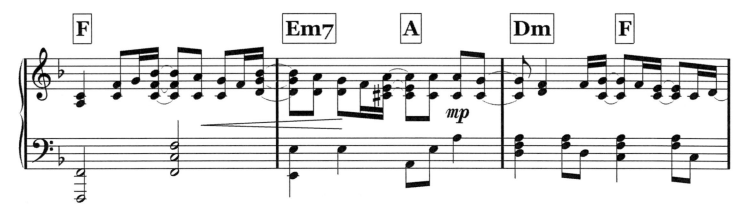

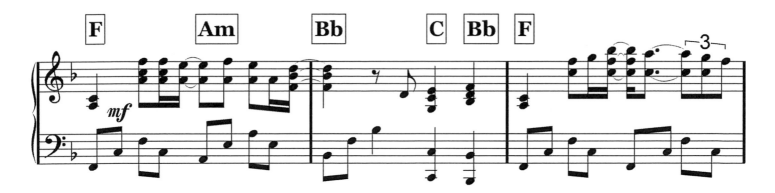

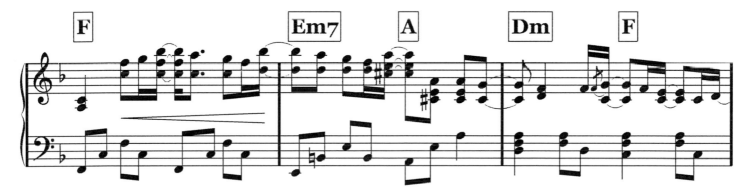

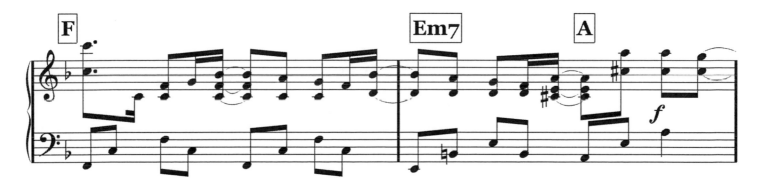

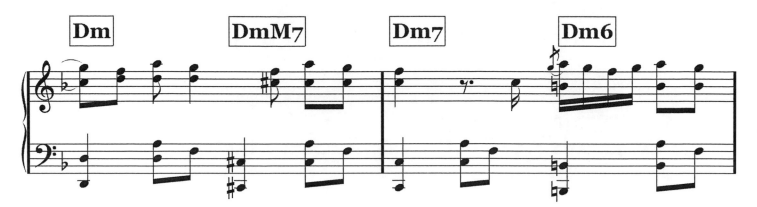

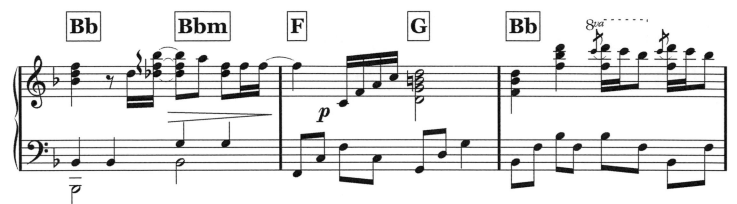

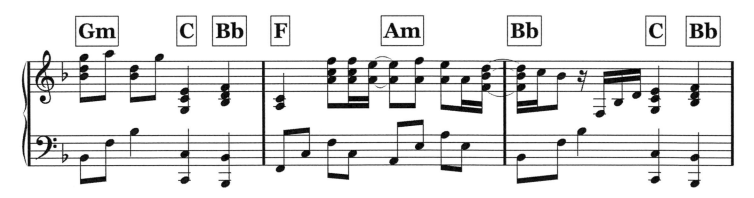

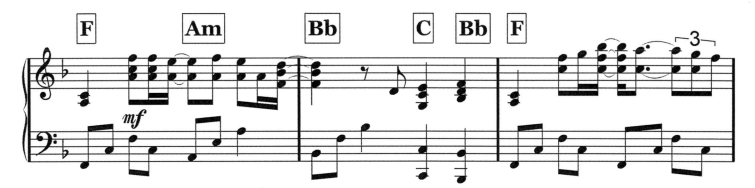

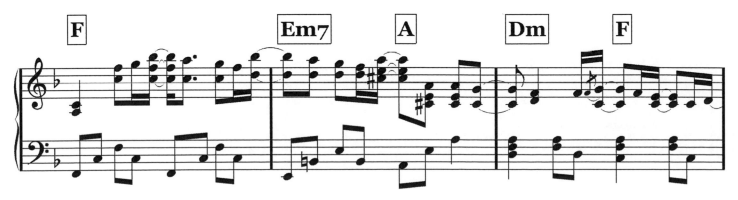

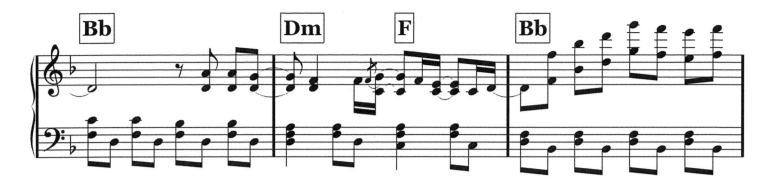

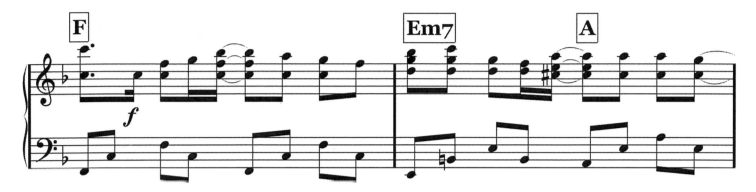

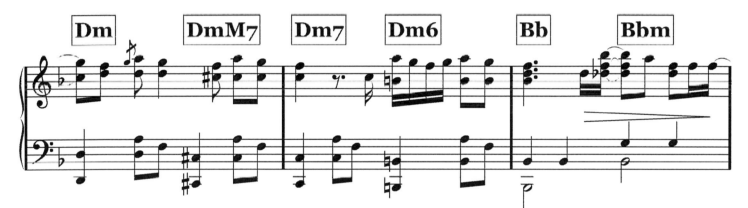

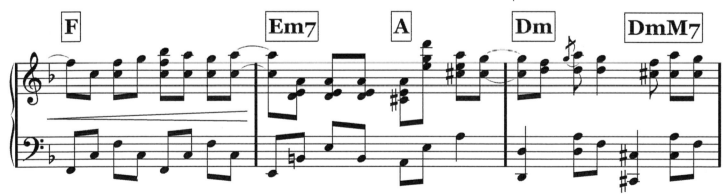

"Y nos dieron las diez"

Joaquín Sabina

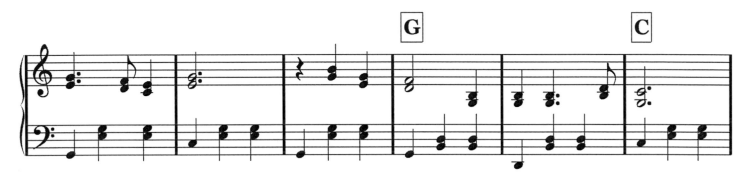

"El sitio de mi recreo"

Antonio Vega

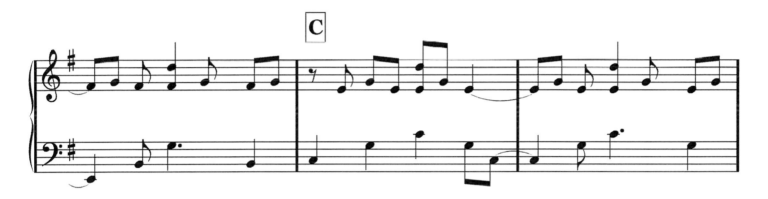

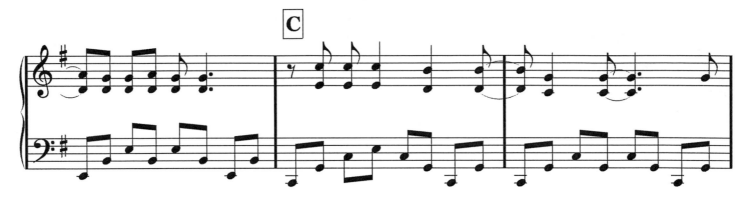

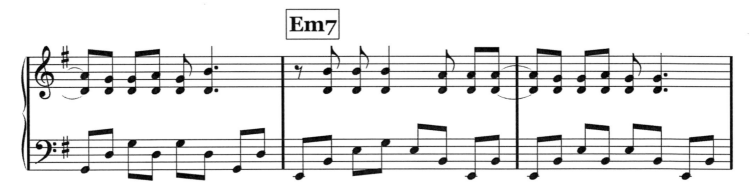

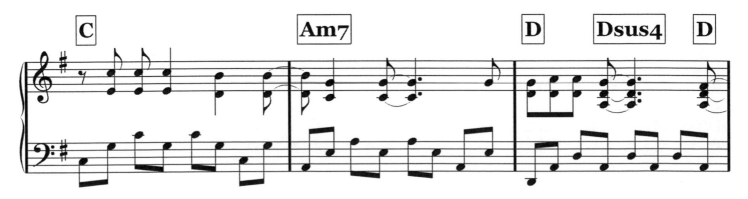

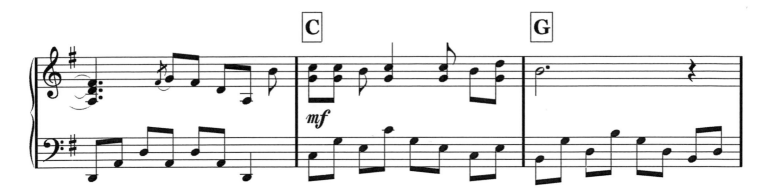

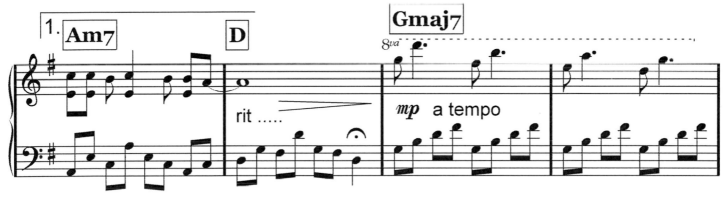

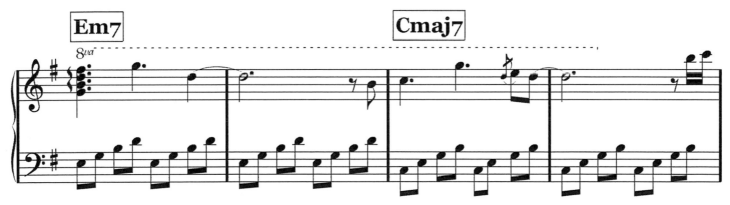

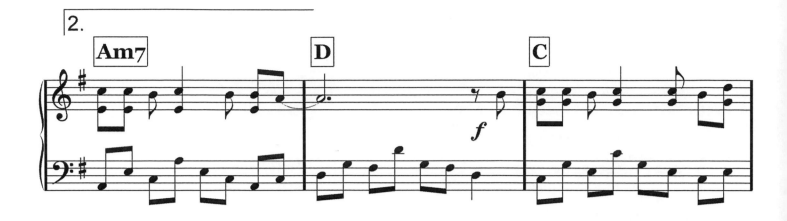

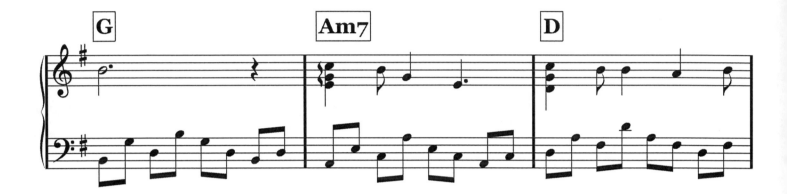

"Aquarela"
Toquinho

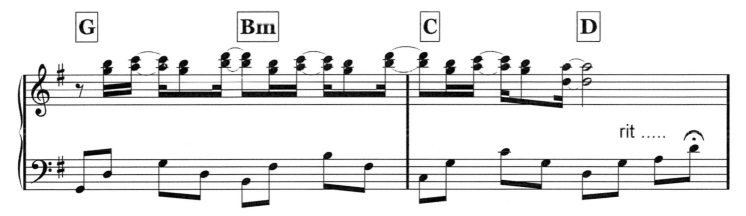

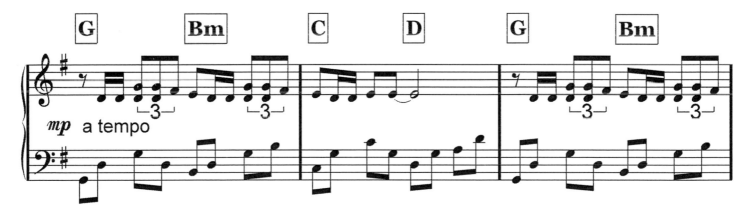

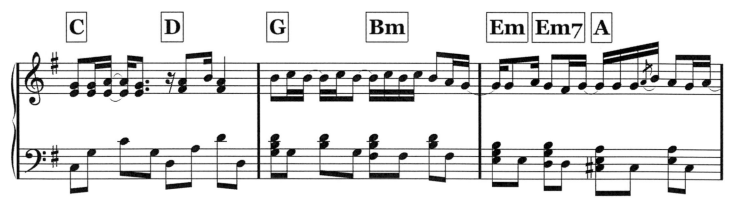

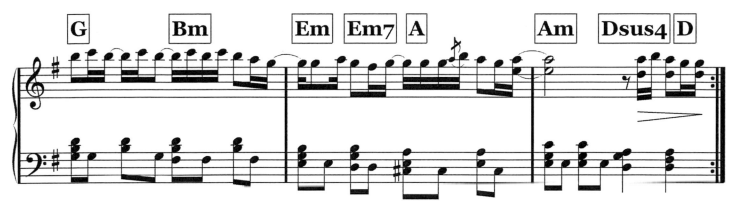

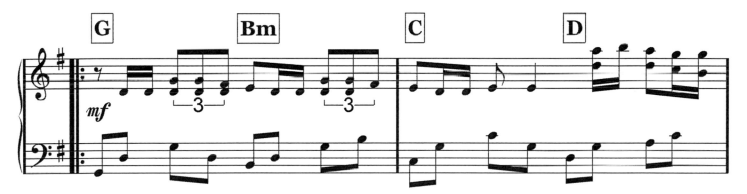

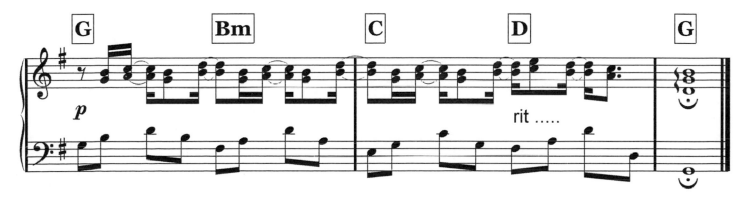

"Corre"

Jesse & Joy

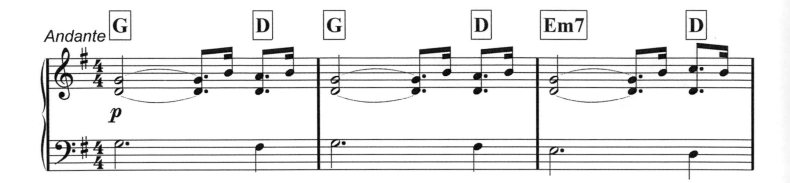

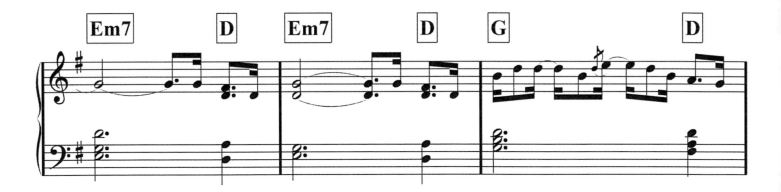

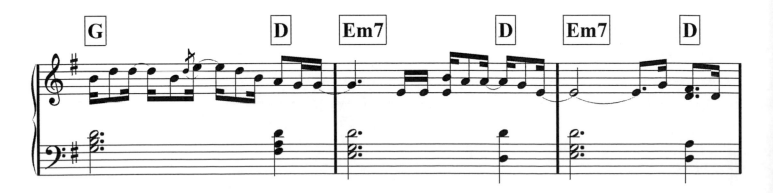

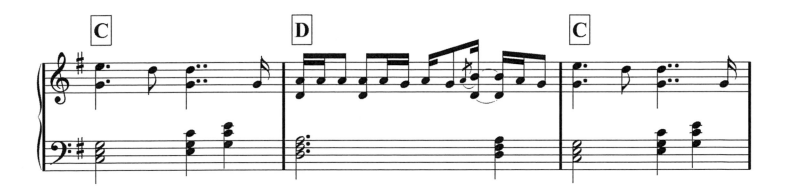

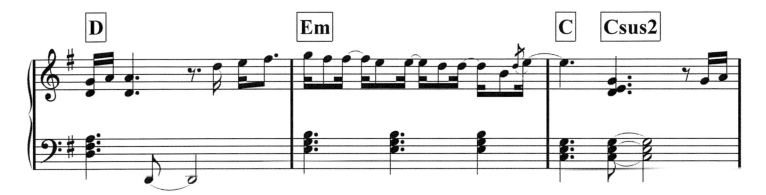

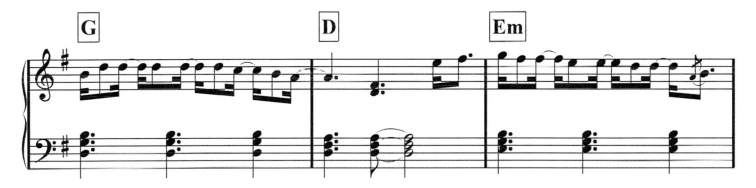

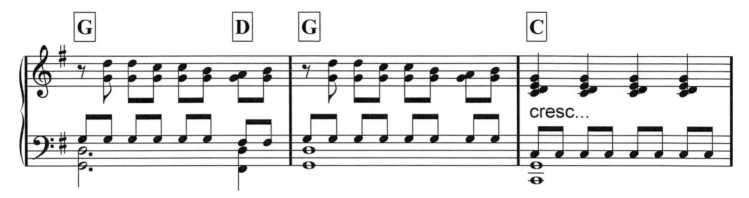

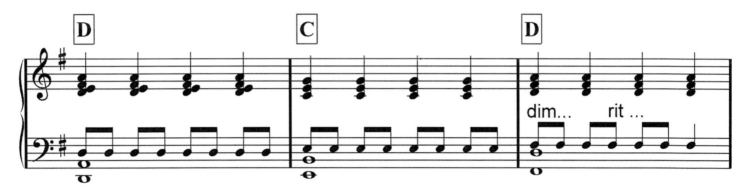

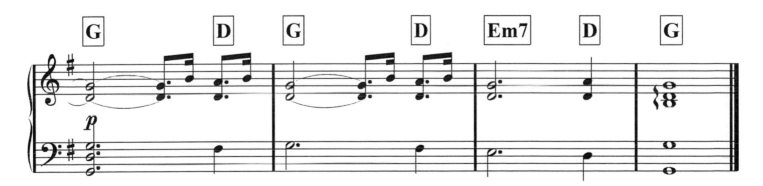

"Mi tierra"
Gloria Stefan

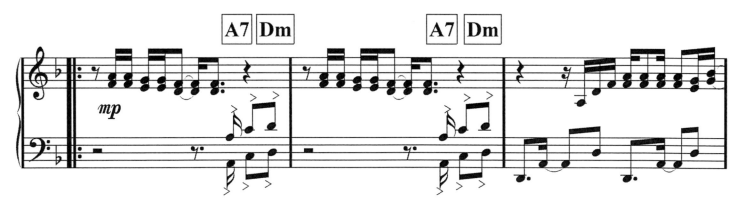

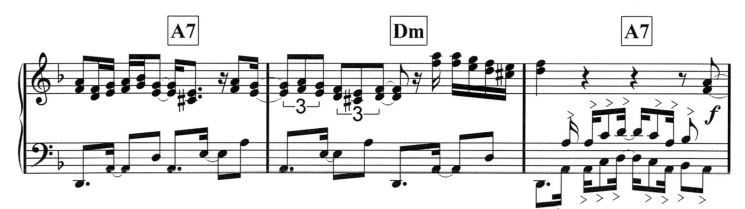

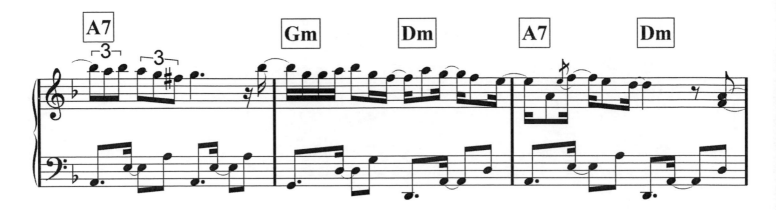

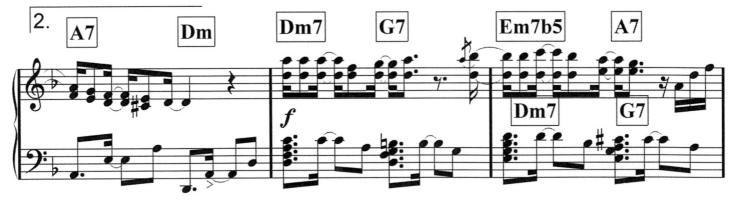

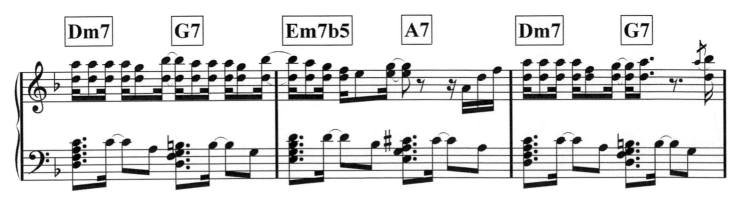

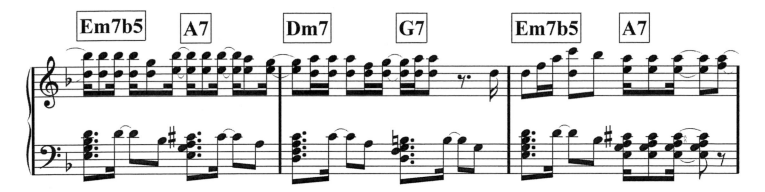

"Clavado en un bar"
Maná

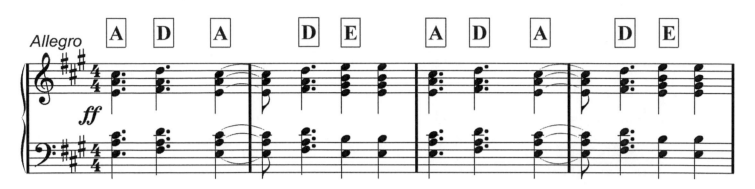

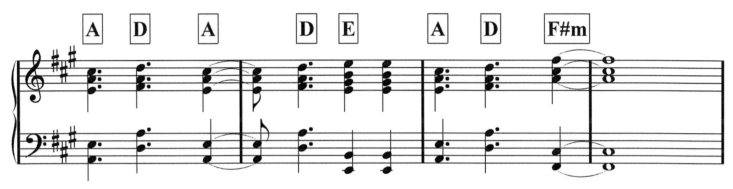

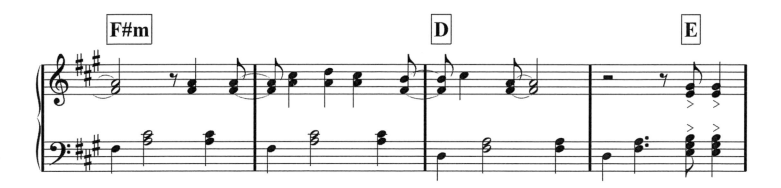

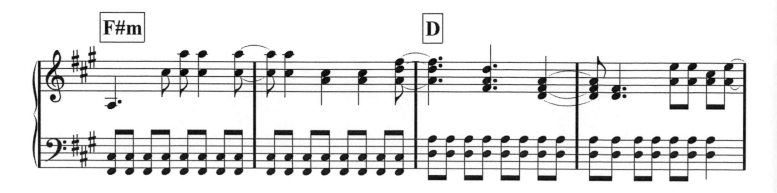

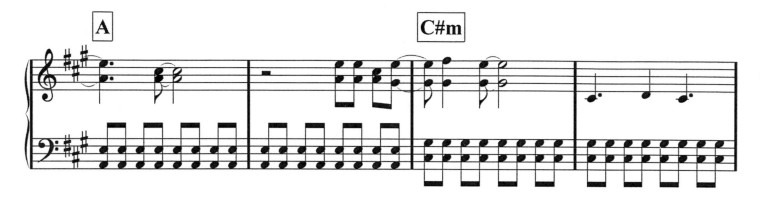

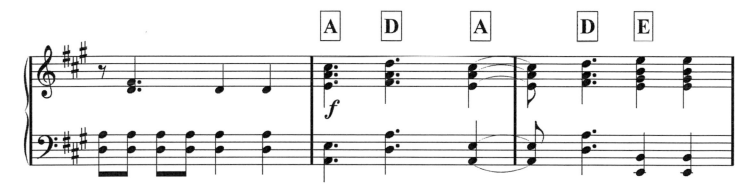

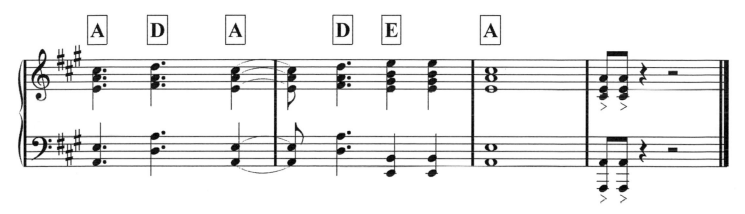

"Arte moderno"
Izal

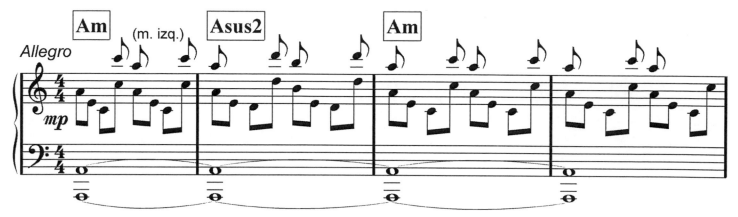

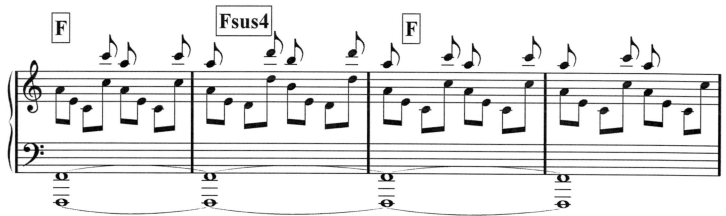

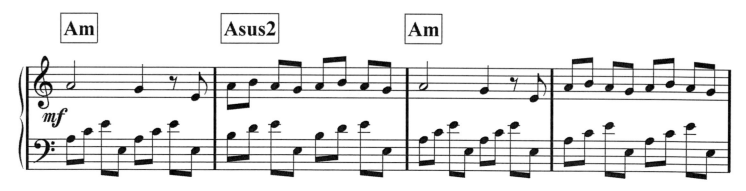

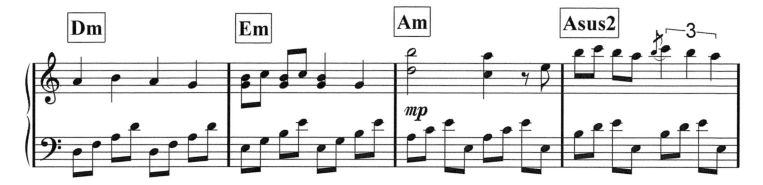

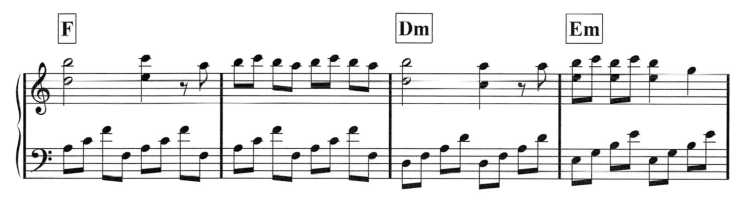

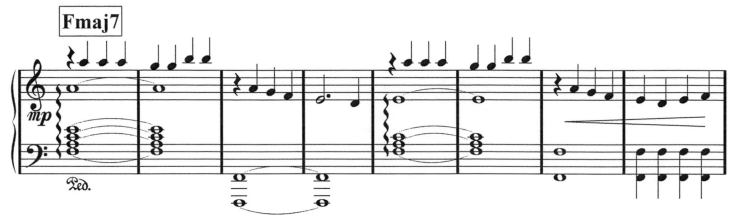

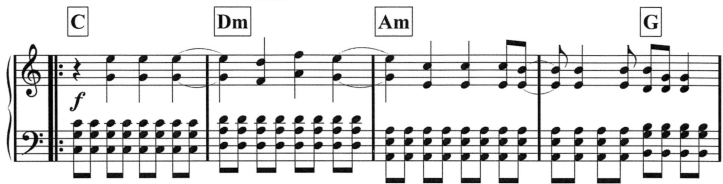

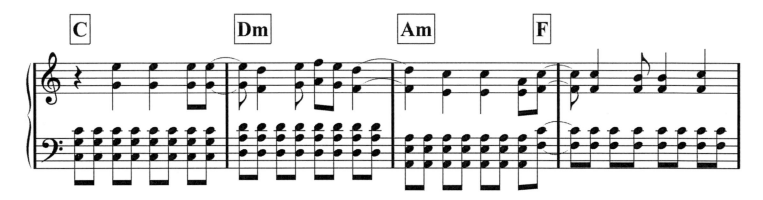

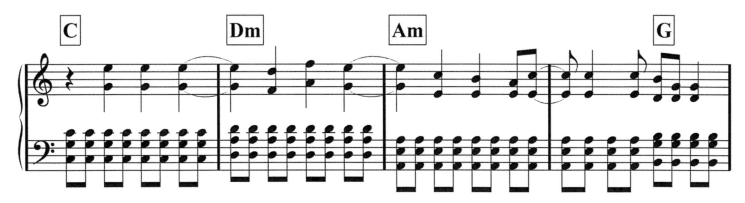

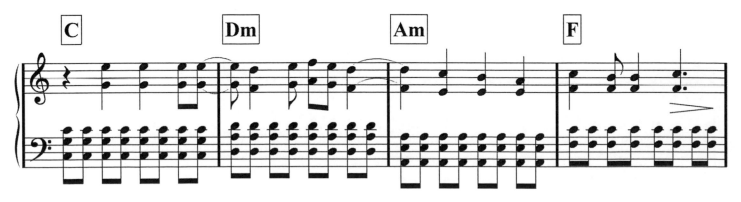

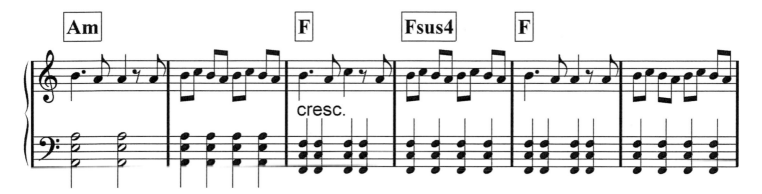

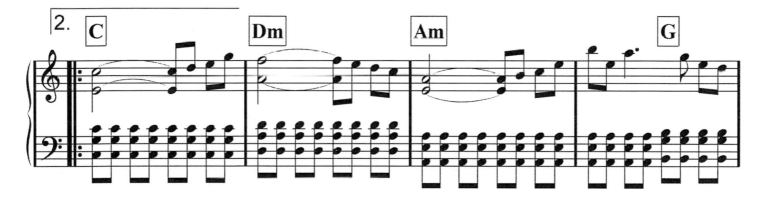

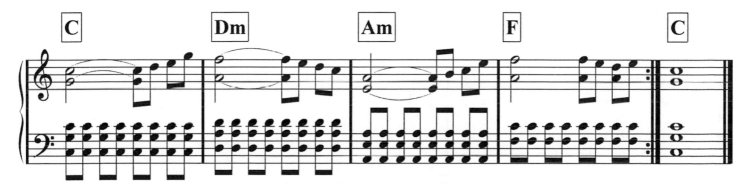

"Caminando por la vida"

Melendí

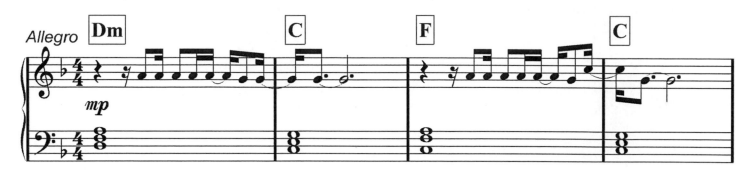

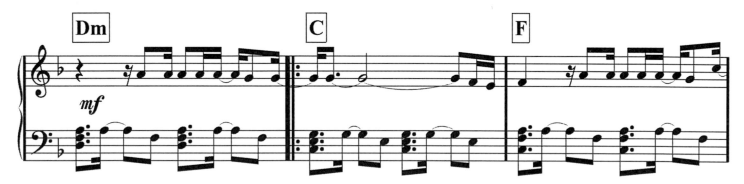

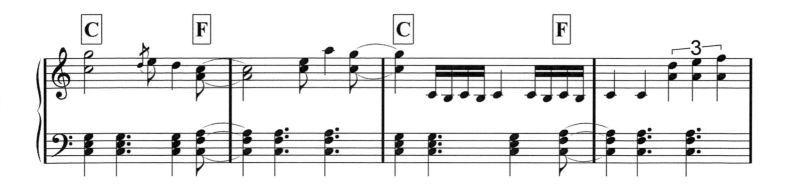

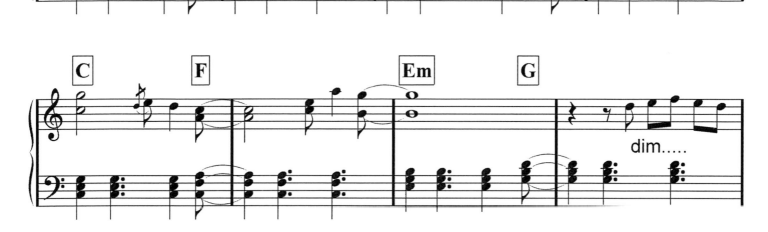

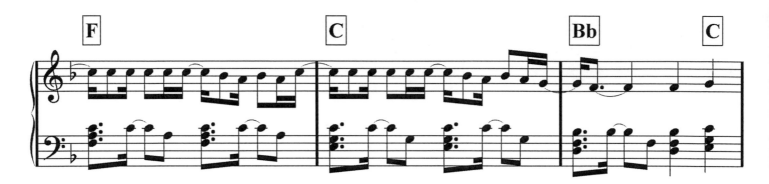

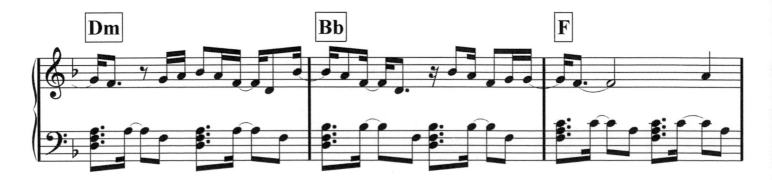

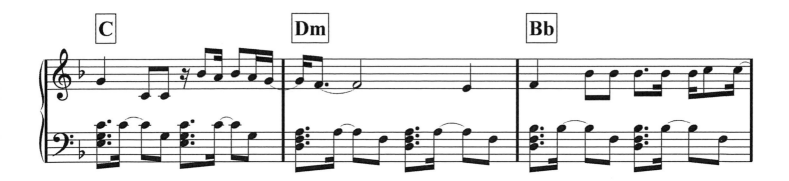

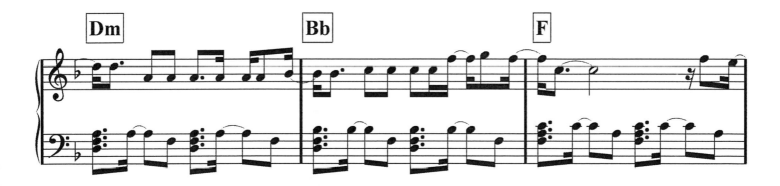

"Insurrección"
El Último de la Fila

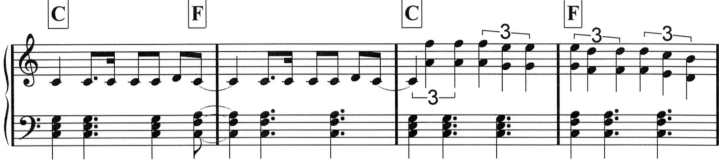

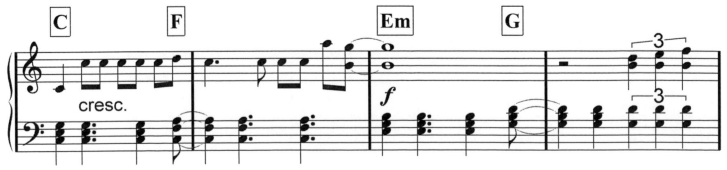

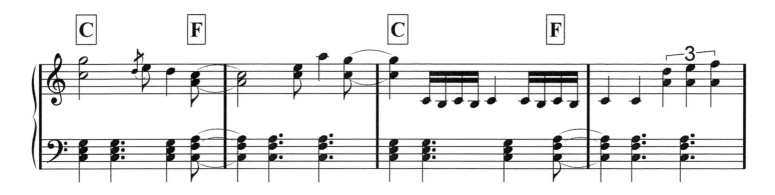

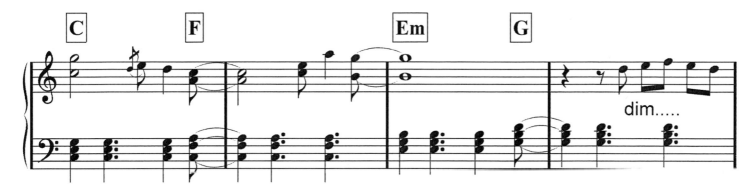

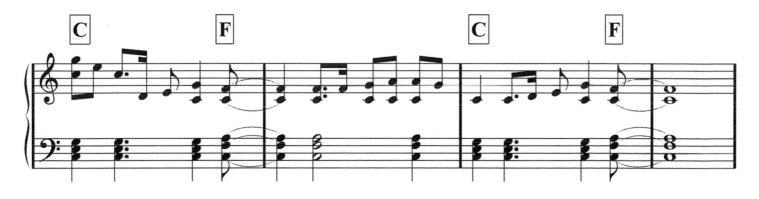

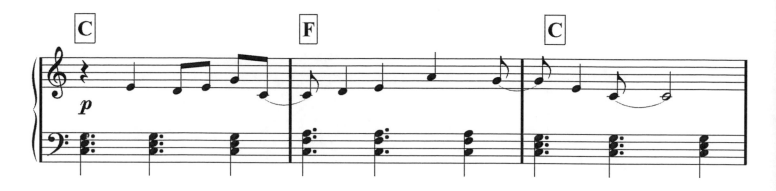

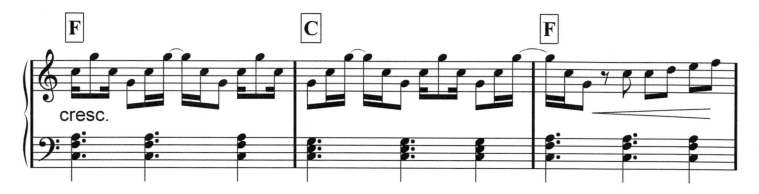

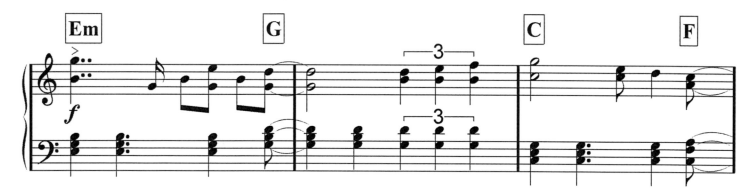

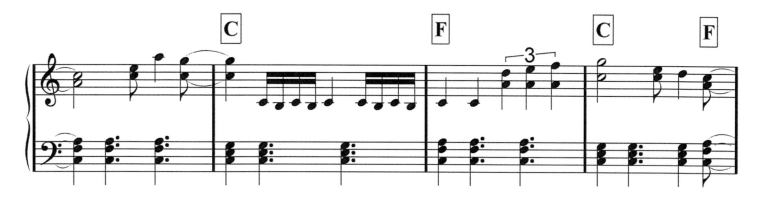

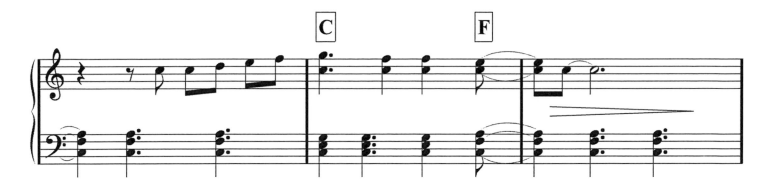

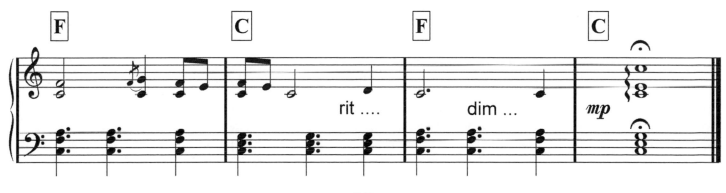

"Rabo de nube"
Silvio Rodríguez

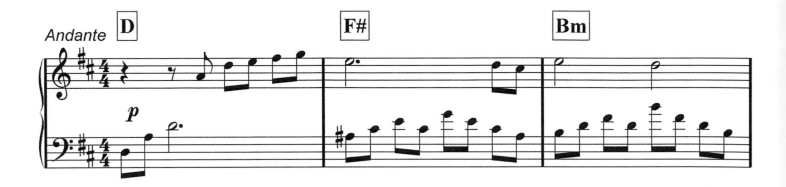

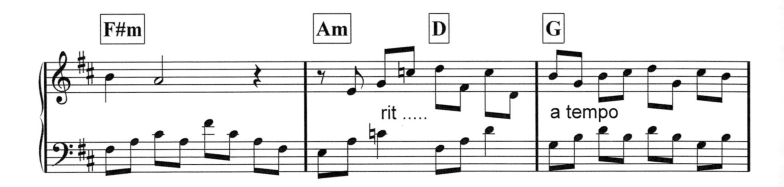

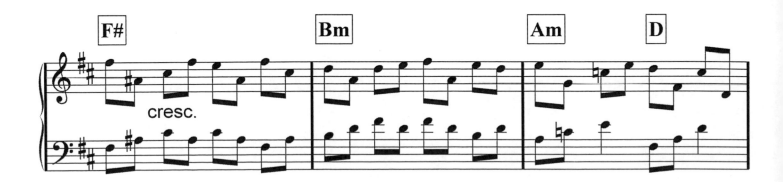

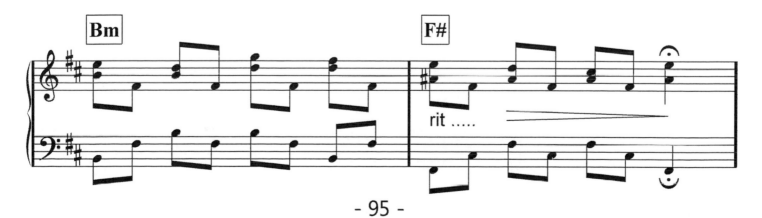

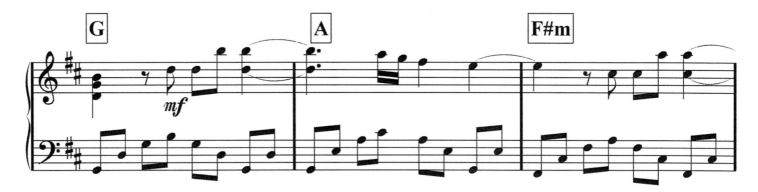

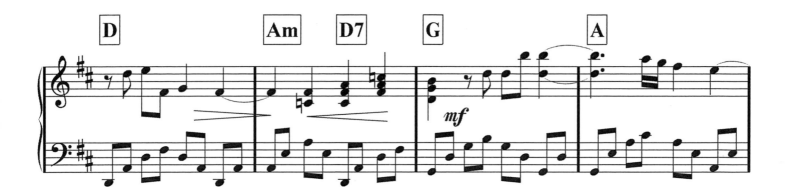

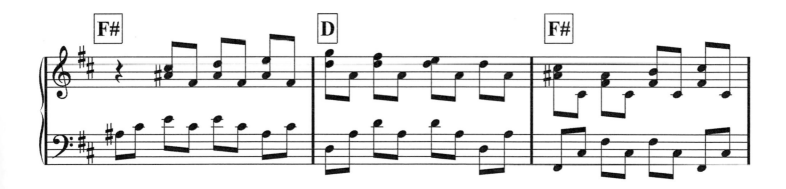

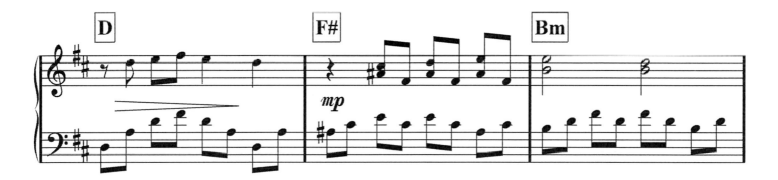

"Fiesta pagana"
Mago de Oz

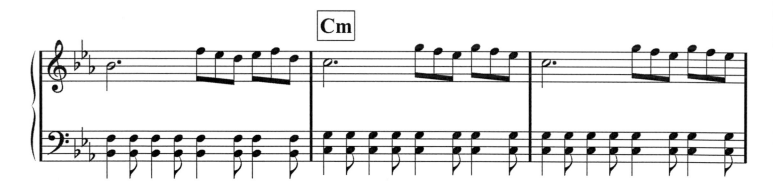

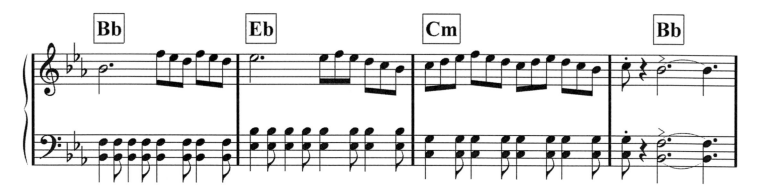

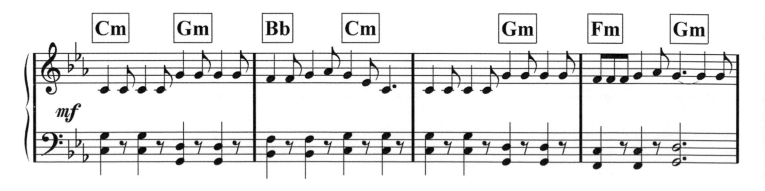

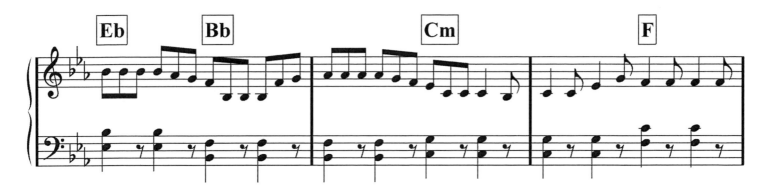

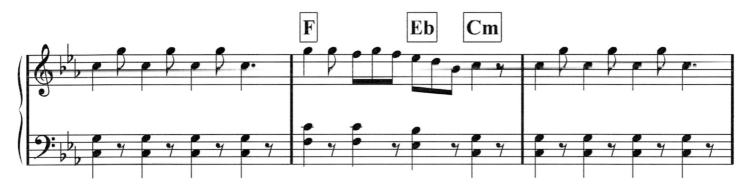

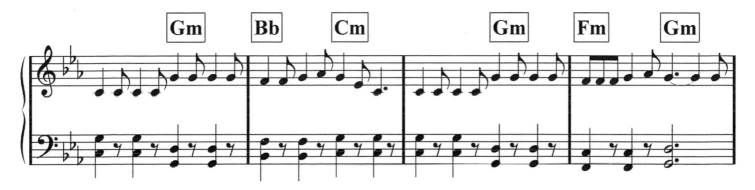

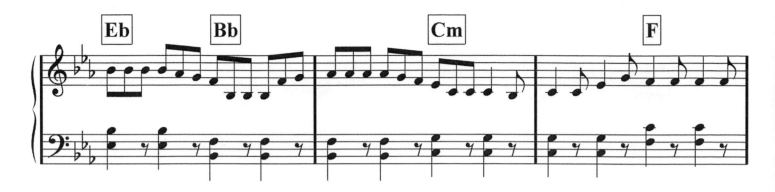

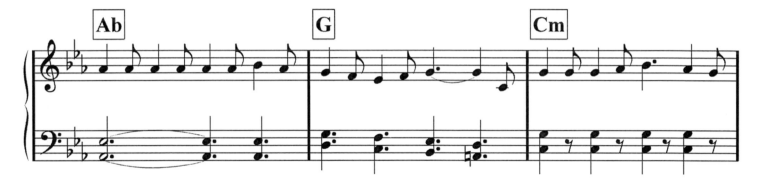

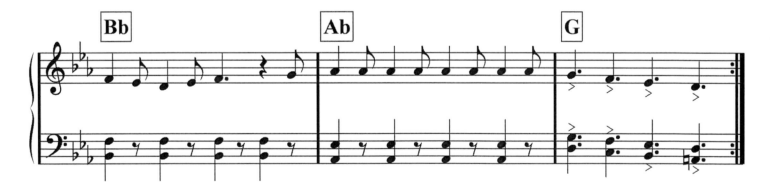

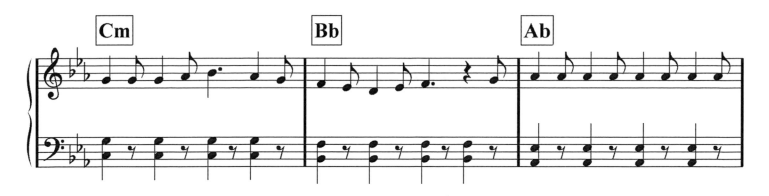

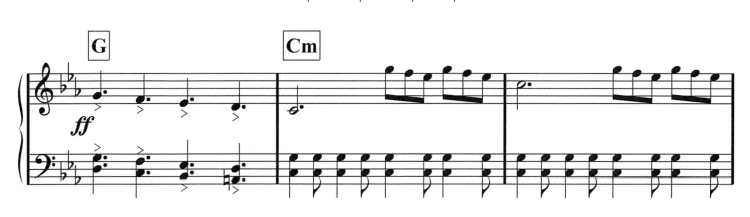

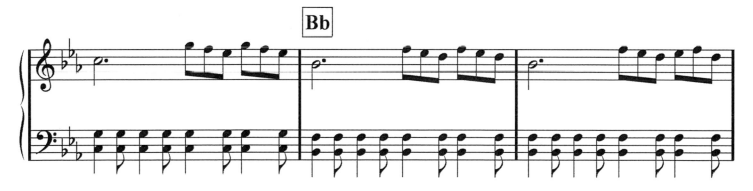

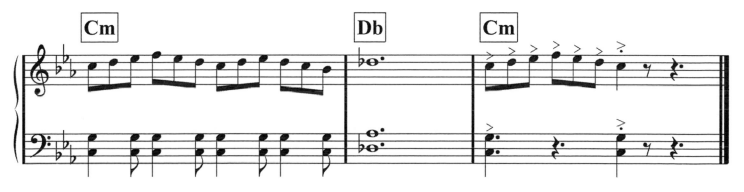

"Solamente tú"
Pablo Alborán

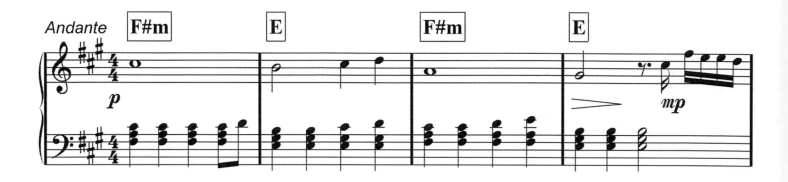

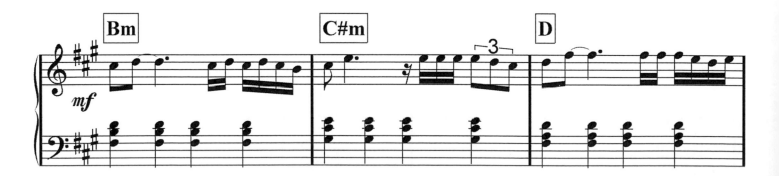

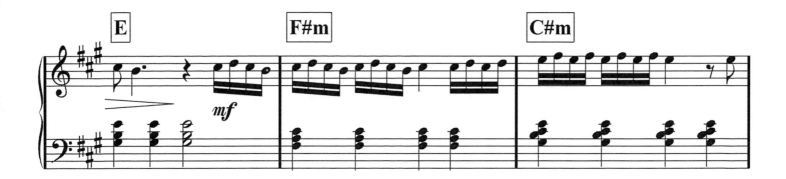

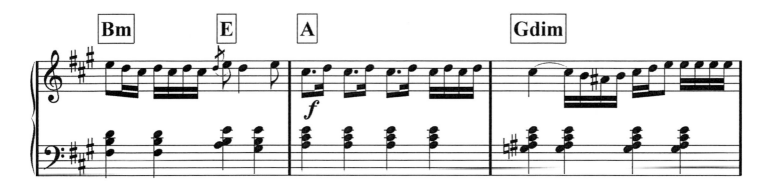

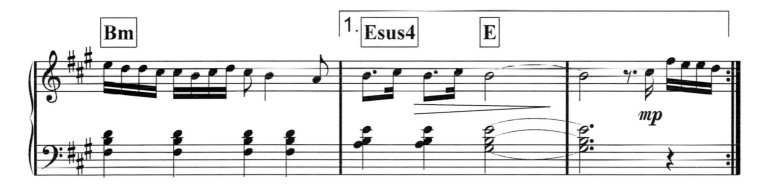

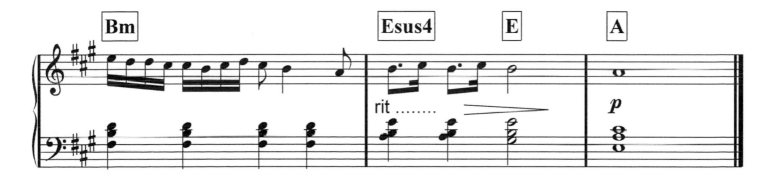

"Soldadito marinero"

Fito & Fitipaldis

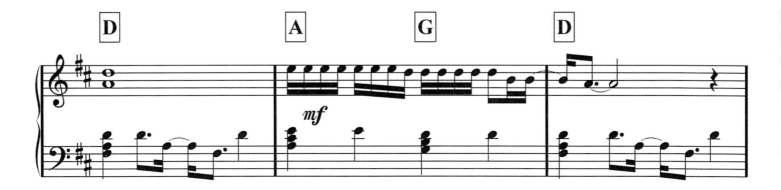

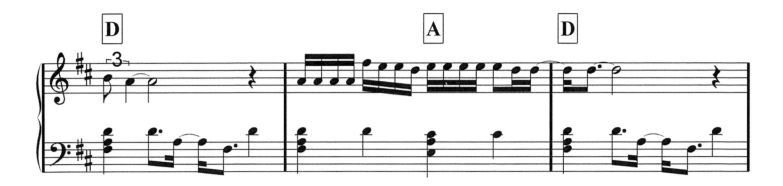

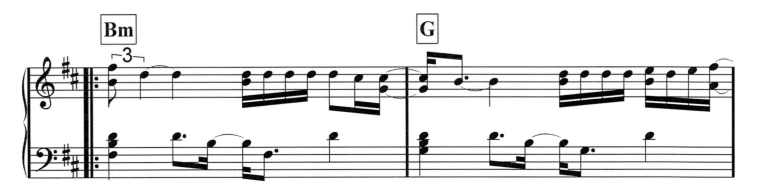

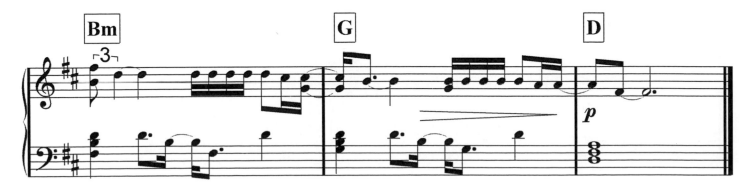

"La vida... es un ratico"

Juanes

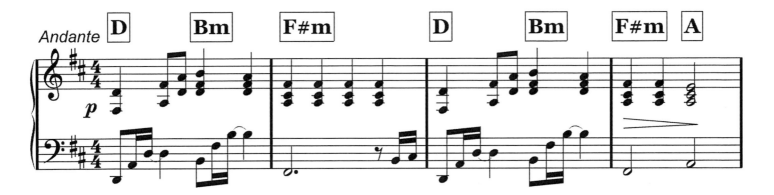

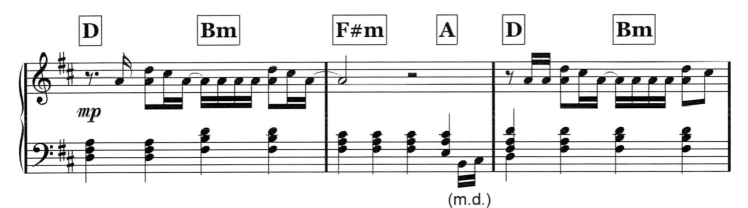

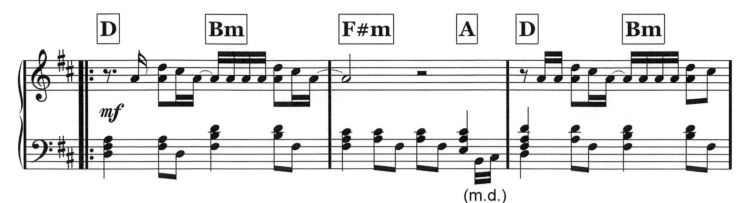

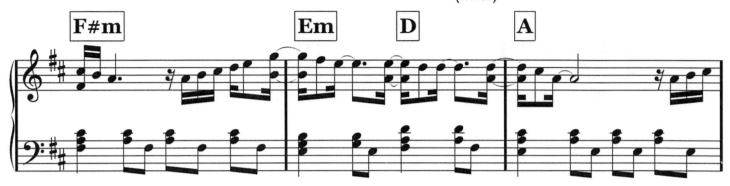

(m.d.)

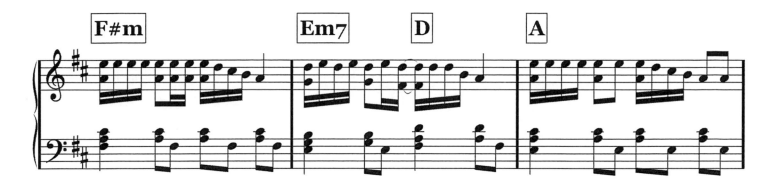

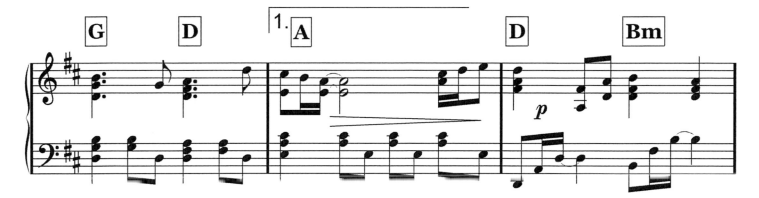

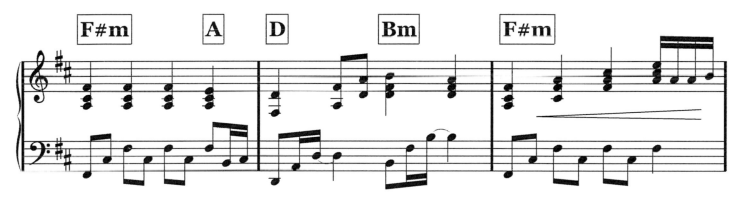

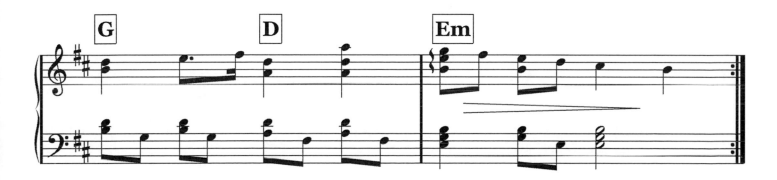

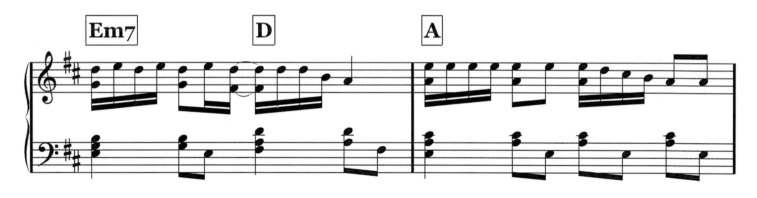

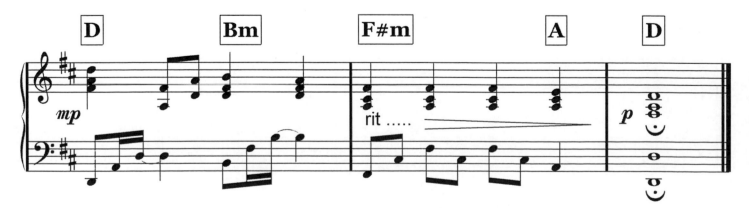

"Limón y sal"
Julieta Venegas

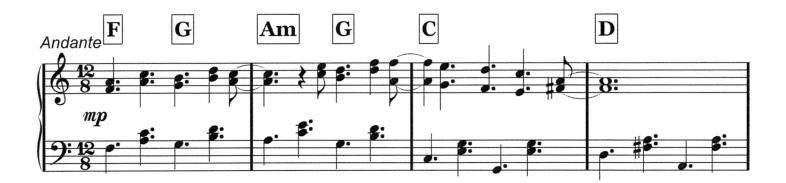

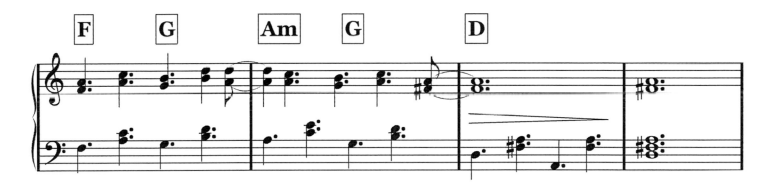

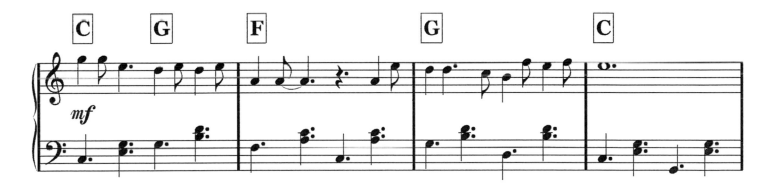

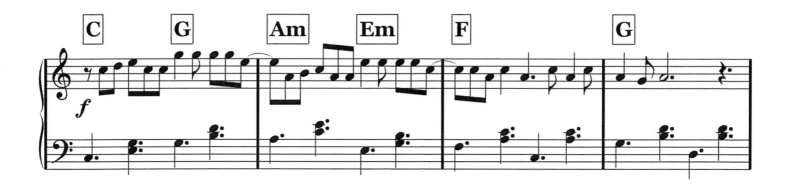

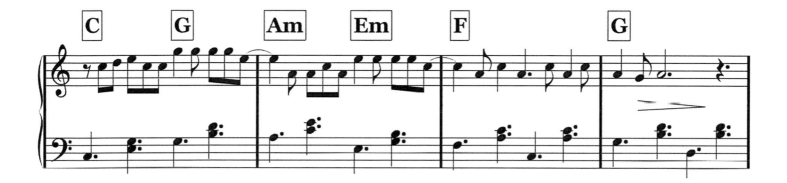

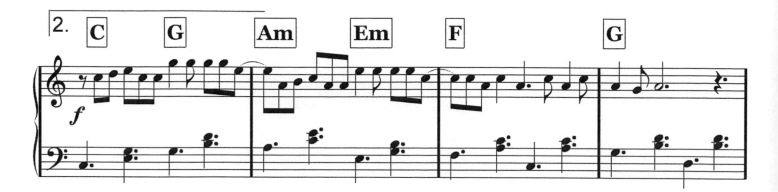

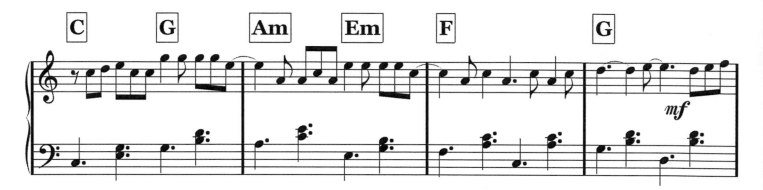

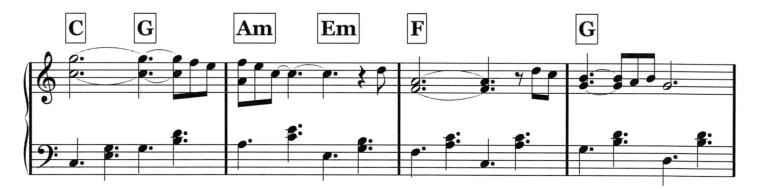

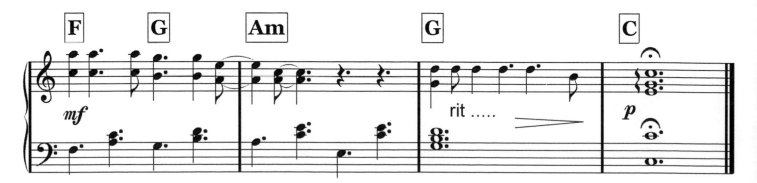

"Noches de Bohemia"

Navajita Plateá

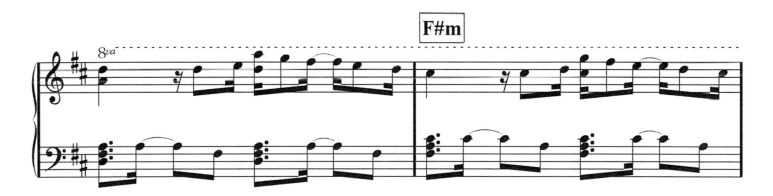

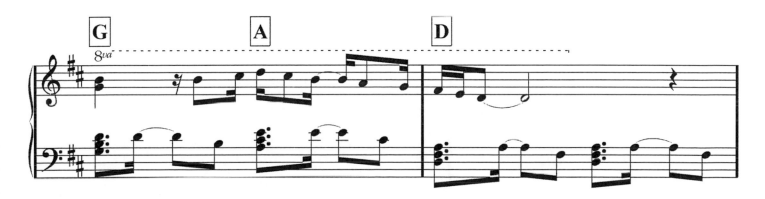

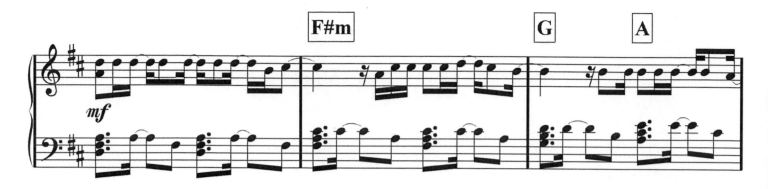

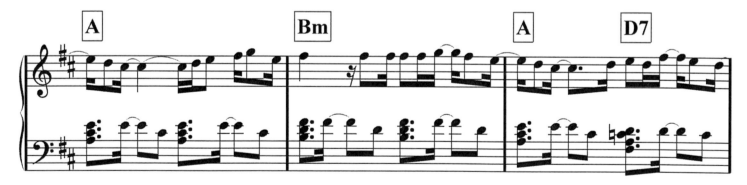

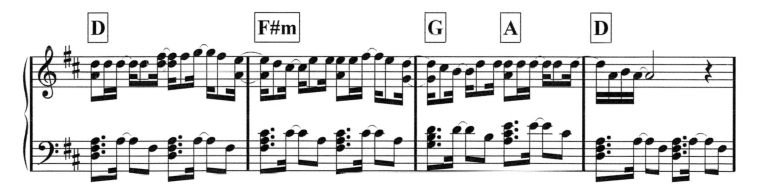

"Sueña"
Luis Miguel

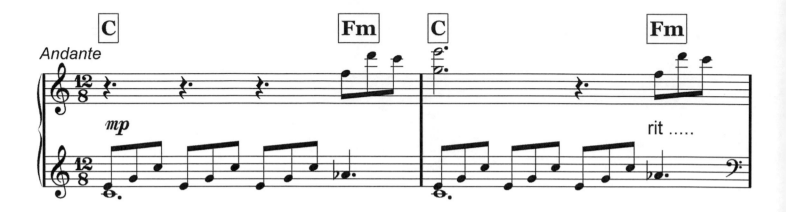

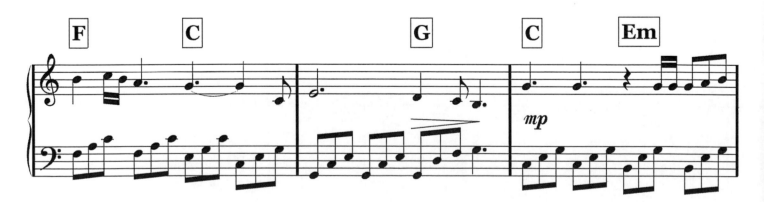

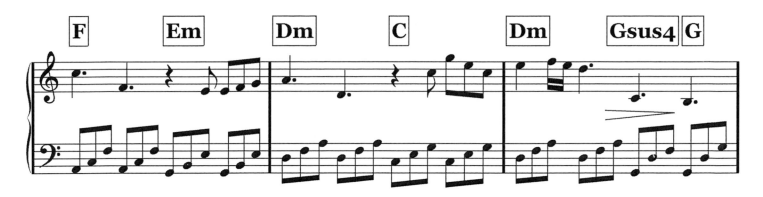

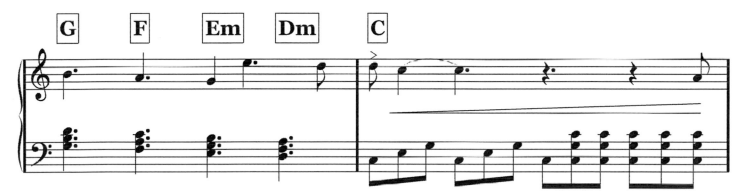

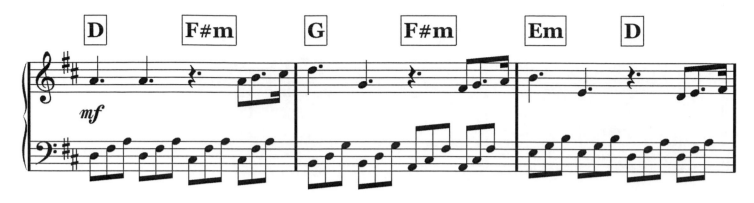

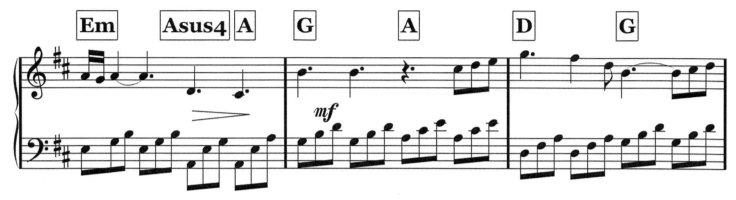

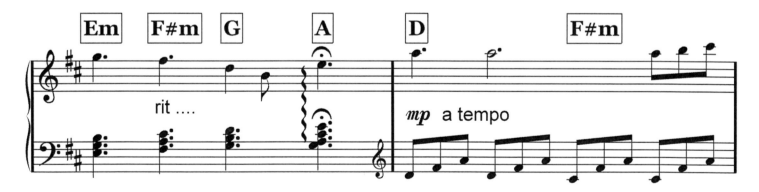

"Alfonsina y el mar"

Ariel Ramírez

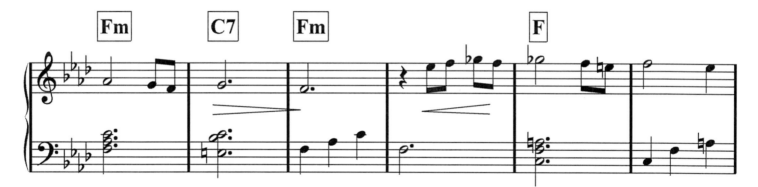

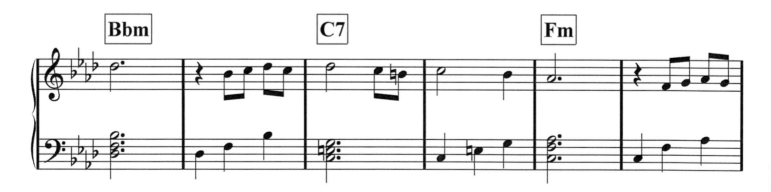

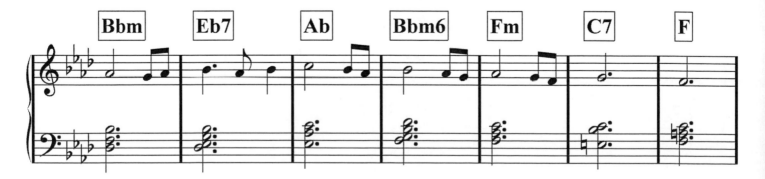

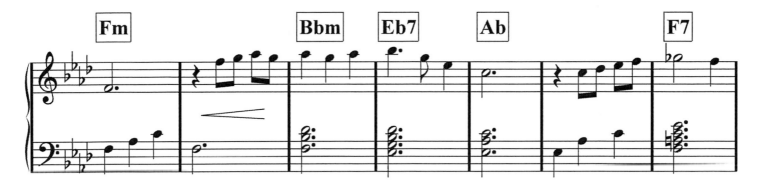

"No me ames"
Jennifer Lopez & Marc Anthony

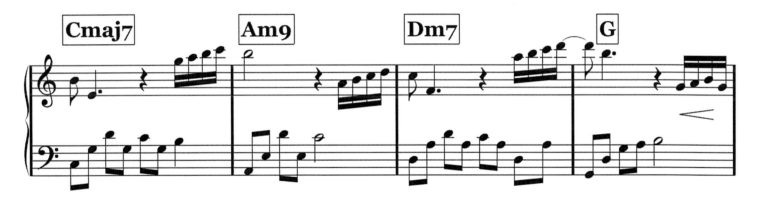

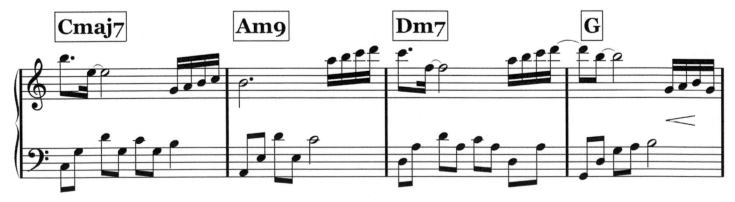

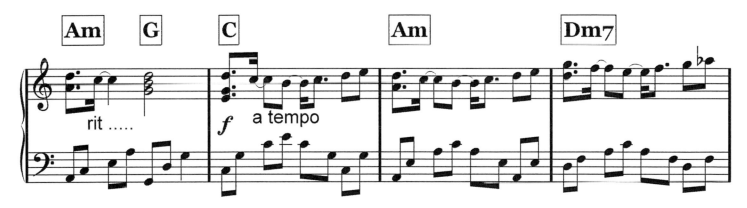

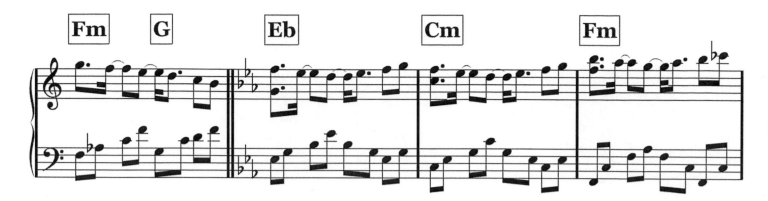

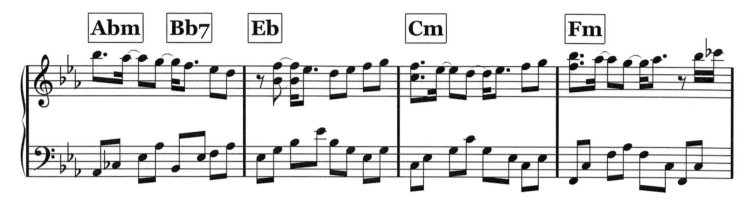

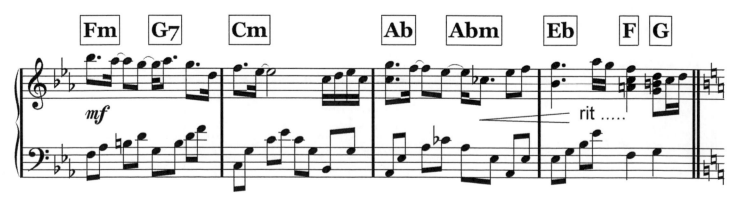

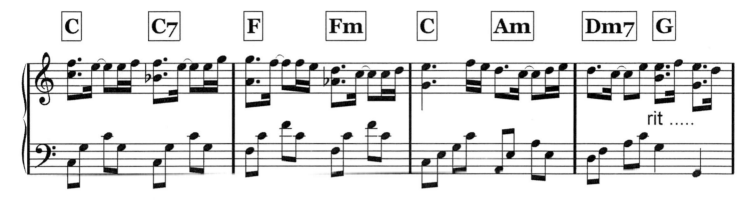

Partituras para aficionados al piano